食べる中国語

広岡 今日子

三修社

はじめに

　中国旅行で一番の楽しみといってもいいのが食事です。ところが、メニューの読み方がわからないからと二の足を踏んでしまう人が多いのもまた事実。ツアーでお仕着せの料理を食べるだけならともかく、たとえツアーであっても僅かな自由行動の時間に名物をつまんでみたいと思うだろうし、自由旅行ならなおのこと、三度三度の食事に何を食べたらいいのか、頭を悩ます人も少なくないでしょう。結果、言葉がほとんど必要ないフードコート（最近大都市に増えてます）で写真を見ながらの注文でお茶をにごしてしまう、なんてあまりにもったいない話をよく聞きます。

　というわけで、本書では、「中国でいかにご飯を美味しく食べるか」に焦点を絞りました。ですので、中国料理のみならず、外国料理や洋酒にも範囲を広げて紹介しています。

　ところで、ページをめくってみればわかると思いますが、肝心の料理名はほとんどありません。「これじゃあ役に立たないじゃないか！」と思うなかれ。中国の料理名はある法則を身につければ、あとは素材と調理法の単語を知っているだけで、驚くほど簡単に解読できるのです。そんな訳で、本書では点心などの特殊な例を除き、料理名ではなく素材、調理法に多くのページをさいています。解読のための法則はおおむね右記のとおりです。

❶ 材料名＋調理法＋切り方

例：チンジャオロース
（ピーマンと肉の細切り炒め）

qīng jiāo chǎo ròu sī
青椒炒肉丝

ピーマン　炒める　にく　細切り
= 青椒　炒　肉　丝

※中国語で単に「肉」というと豚肉を指します。ですからこの場合、使われている肉は豚肉ということになります。

❷ 材料名＋調理法

例：ホイコーロー
（豚肉とキャベツの甘辛味噌炒め）

huí guō ròu　　鍋に戻す　にく
回锅肉 = 回锅肉

※ホイコーローは最初に豚肉をかたまりのままゆで、薄切りにしたあと炒めます。「もう一度鍋に戻す」調理法のためこの名前になりました。

❸ 味付け＋切り方

例：スペアリブの甘酢炒め
táng cù pái gǔ
糖醋排骨

甘酢　スペアリブ
= 糖醋　排骨

❹ 地名＋材料名

例：北京ダック
běi jīng kǎo yā
北京烤鸭

ペキン　ローストダック
= 北京　烤鸭

❺ 人名＋材料名

例：マーボー豆腐
má pó dòu fǔ
麻婆豆腐

あばたの　おばさん　とうふ
= 麻婆　豆腐

❻ 抽象的な名前

例：きのこと多種野菜の炒め煮

luó hàn zhāi
= 罗汉斋

5、6あたりは判じ物要素が強くなりますが、ほとんどの料理は**1〜3**の組み合わせなので、そう心配することはありません。

巻末の索引には、本書に出てくる素材やメニュー、調理法などすべてを ローマ字発音（ピンイン）順に並べました。相手の発音を聞いて「何て言ってるのかな？」と思ったときに活用してみてください。

本書をフル活用すれば、日本で出会ったことがない名物料理に必ずお目にかかれることでしょう。また、一歩進んで市場や食料品店での買い物も楽しめるはずです。ではおいしい旅を！

目次

では、おいしい旅を！

中国料理について —— 6

1 料理法 —————— 19

味付け・形容 ………… 20

調理法 ………………… 26

切り方 ………………… 33

2 素材別単語 ————— 35

肉

肉一般 ………………… 36

部位別 ………………… 40

内臓 …………………… 44

加工品 ………………… 47

卵 ……………………… 50

魚介類

海鮮 …………………… 52

淡水魚 ………………… 56

甲殻類・海草 ………… 59

加工品 ………………… 63

部位 …………………… 65

野菜

葉物 …………………… 66

根菜・茎菜 …………… 70

果菜・花菜 …………… 73

きのこ・もやし ……… 77

穀類 …………………… 79

香味野菜・スパイス … 81

果物

果物 …………………… 85

ナッツ ………………… 91

副食品

豆製品 ………………… 94

麺類・粉物 …………… 97

乾物・保存食品 ……… 100

調味料 ………………… 105

3 料理ジャンル別単語—115

点心

- 点心·················· 116
- 麺類·················· 120
- 餃子·················· 126
- 包子・饅頭 ············ 131
- ご飯もの·············· 135
- 飲茶·················· 137

外国料理

- 外国料理·············· 143
- 洋食·················· 148
- エスニック料理········ 157
- ファストフード········ 160
- 日本料理·············· 163

菓子

- 中国菓子·············· 168
- 洋菓子・パン・スナック菓子 ··· 175

飲み物

- 中国茶················ 183
- ソフトドリンク········ 189

酒

- 中国酒················ 197
- その他 酒 ············ 200
- カクテル·············· 207

4 調理器具・食器—217

- 調理器具·············· 218
- 食器·················· 222

5 シーン別ミニマム会話—227

- 食材を買う············ 228
- テイクアウト·········· 230
- 軽食店················ 231
- レストラン············ 233
- 数···················· 241

索引(ピンイン順) ———242

中国料理について

　ちょっと前ならいざしらず、在日中国人が急増している昨今、彼らによる彼らをターゲットにした中国料理店も急増しているにも関わらず、例えば横浜の中華街に行って店の表に出ている看板を見るといまだにスブタ、チンジャオロースー、ホイコーロー、エビチリの四巨頭が幅を利かせていて、ということは日本人にとって「中華を食べる」（中国料理を食べるではなく）ということは、とりあえずその4つを押さえておけば安心ということなんでしょう。このちっちゃな日本でさえ、例えば雑煮ですら「ほほぉ」と感心するような地方色がある、つまり、ところ変われば品変わるのに、日本よりもはるかに広大な中国の地方差に考えが及ばないのは、何とも残念なことです。

　そんな状態だから、中国本土に足を踏み入れた多くの日本人が、食事に困惑するのはある意味当然なのかもしれません。そもそも日本で食べるような、ケチャップベースでとろみがついたエビチリなんて、日本人観光客をメインターゲットにしたレストランでもない限りありませんし、チンジャオロースーは小さな街の食堂でも食べられるような庶民料理にも関わらず、日本で普通に出されるようなとろみ付きにお目にかかることは稀です。餃子といえばゆでたのが出てくるし、「ラーメンが食べたい」と思っても、麺屋で出てくるのは、日本人にとってみれば「のびきった」コシのない麺ばかり…。「日本の中華のほうがよっぽど美味しい」とご立腹のまま帰国する方も少なくないようで。

　日本で食べる「中華料理」は、長年の蓄積で、日本人の舌に合った料理を出しているのですから、その概念をもって中国での中国料理を食べると、違和感ありまくりなのは当たり前なのです。まずは「中華料理」の概念を頭から消し去って、「中国料理」を食べるのだと思ってください。これだけで、料理に対する感想がだいぶん違ってくるはずです。

中国料理について

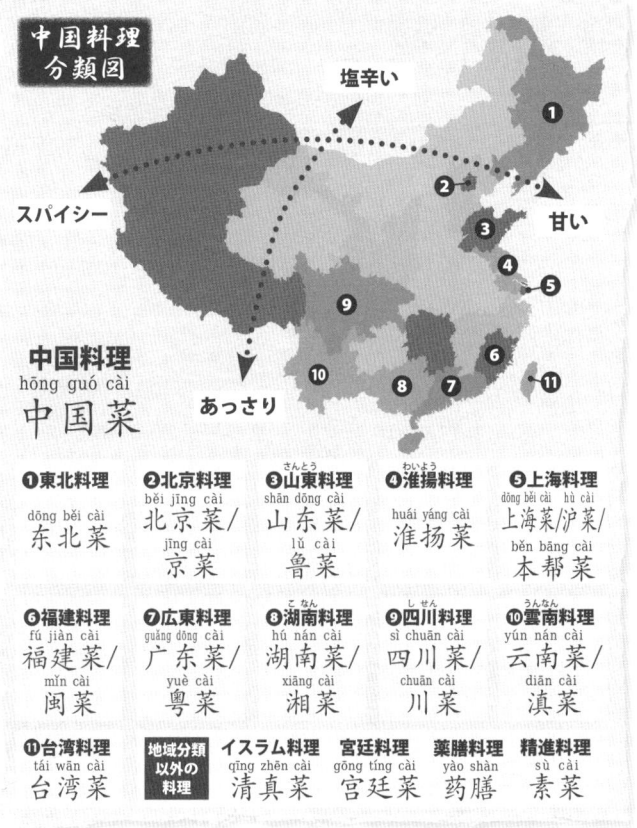

そして、各地の料理の特色をつかむこと。これ結構大事です。

日本でも、南へ行くほど甘く、北へ行くほど料理が塩辛くなるように、中国でも同様の現象が見られます。北京で食べる料理はほとんど砂糖を感じないかわりに塩気が強いのに対し、上海で食べる料理の多くが、「何でどれもこれもベタ甘いんだよっ！」という調子です。自分が行こうとしている場所の料理の特色をつかんでいるだけで、自然と何を注文したら美味しい食卓が囲めるかもわかってきます。

中国料理について

四大料理

というわけで、まずは中国四大料理と呼ばれている北京、上海、四川、広東の料理の特徴を挙げてみましょう。

北京料理（京菜 [jīng cài]）

山東、山西、河南、河北を含む北方料理の代表格。特に食材が豊富な山東料理の影響が強いので、多彩な料理を味わうことができます。

北方料理の味付けは塩メインで、ニンニク、ネギ、香菜などの香味野菜を大量に使います。一皿の量が南方に比べて多いのも、大らかな北方気質を表しています。北方、特に山東出身の人は、南方の料理は量が少なくて食べた気がしないとか。

またこの一帯は元々粉食文化で主食が小麦なので、粉物料理が豊富です。自宅でも気軽に粉をこね、麺や餃子を手作りします。山西省は特に麺の種類が多く、麺好きなら一度は訪れてみたい場所。江蘇省・鎮江

北京料理の代表料理

北京菜・京菜

北京ダック	羊のしゃぶしゃぶ	ジャージャー麺
běi jīng kǎo yā	shuàn yáng ròu	zhá jiàng miàn
北京烤鸭	涮羊肉	炸酱面

緑豆おからの羊脂炒め	とうもろこし粉の蒸しパン	細切り肉の甘味噌炒め
má dòu fǔ	wō tóu	jīng jiàng ròu sī
麻豆腐	窝头	京酱肉丝

発酵緑豆乳	宮廷風牛乳プリン	水餃子	杏仁豆腐
dòu zhī	nǎi lào	shuǐ jiǎo	xìng rén dòu fǔ
豆汁	奶酪	水饺	杏仁豆腐

と並び称される黒酢の名産地でもあります。河南省は北宋の頃開封が首都だった関係からか、意外と洗練された味に出会うことができるでしょう。日本ですっかり有名になった小籠包と同系統の「湯包」などはその典型です。

　北京は古くから回教徒が多く住んでいる関係から、羊のしゃぶしゃぶ（涮羊肉 [shuàn yáng ròu]）、羊の焼肉（烤羊肉 [kǎo yáng ròu]）など回族系の料理も豊富。回族の様々な点心にも要注目です。

上海料理（沪菜 [hù cài]）
しゃんはい

　浙江、江蘇の料理はこの系統。今の上海料理は、この二省から移住した人びとが持ってきた料理が大きく影響しています。

　一帯は肥沃な土地と豊かな水のおかげで緑が多く、特に葉物野菜の種類はとても豊かで味も上々ですが、この地方の人はその美味しい青物の若葉だけを丹念に摘み、ちょっとでもしなびたり伸びすぎた葉は惜しげも無く捨ててしまうのです。青物が少ない北方では考えられない贅沢なので、ぜひ季節の青物をシンプルな塩味炒めで試していただきたいところです。また「魚米の郷」とも呼ばれており、魚（特に淡水魚）と米の味には定評がありますが、淡水魚独特の泥臭さが苦手な人は、注文する時に「这是河鱼还是海鱼？[zhè shì hé yú hái shì hǎi yú]」（これは川魚ですか、海魚ですか？）と確認を取ったほうがよいでしょう。淡水魚の中でも桂魚（桂鱼 [guì yú]）とヒラコノシロ（鲥鱼 [shí yú]）は泥臭さが少なく食べやすいのでお勧めですが、他の淡水魚と比べるとちょっと高いのが玉にキズ。

　寧波などの浙江省の海沿いでは、新鮮な海鮮も食べられます。味付けは醤油味が多く、砂糖を割と多く使うのが特徴です。また、クセがある味を嫌い、北京系のように香味野菜や香辛料をあまり使わないので、日本人にも割ととっつきやすいのではないかと思います。ちなみに日本でいう五目チャーハンのベースは、江蘇省揚州の「扬州炒饭 [yáng zhōu chǎo fàn]」です。

中国料理について

上海料理の代表料理　上海菜・沪菜・本帮菜

上海蟹	ショウロンポウ	川エビの揚げ煮	枝豆、モツなどの麹ソース漬け
dà zhá xiè	xiǎo lóng bāo	yóu bào xiā	zāo huò
大闸蟹	小笼包	油爆虾	糟货

シロツメグサの炒めと豚腸の甘辛炒め	アヒルの詰め物入り揚げ煮	スープ入り焼きまんじゅう
cǎo tóu quān zi	bā bǎo yā	shēng jiān mán tóu
草头圈子	八宝鸭	生煎馒头

ナズナ入りワンタン	タウナギの炒め煮	エビコと干しナマコの甘辛煮
jì cài dà hún tún	bào shàn sī	xiā zi dà hǎi shēn
荠菜大馄饨	爆鳝丝	虾子大海参

四川料理（川菜 [chuān cài]）

辛いことですっかりおなじみの四川料理。トウガラシの辛味に花椒（花サンショウ）でしびれるような辛味を加えるのが特徴です。似たものとして、雲南と湖南の二省が挙げられますが、雲南料理は四川料理ほど辛くなく、どちらかというとタイやベトナム料理に似たテイスト、湖南料理は辛さの中に発酵した漬物（泡菜 [pào cài]）で酸味を加えたりと、ひとひねりある辛味が特徴です。湖南省は毛沢東の出身地でもあることから、「毛家菜」という名前で湖南料理をメインに出しているレストランも各都市で見られます。

海から遠いかわりに山に囲まれているので、川魚や山菜、きのこ類を使った料理が楽しめます。特に雲南のきのこ鍋は、北京や上海などの都市部でも一時期ブームになりました。

本場の四川料理は、辛いというよりも「痛い！」。口の中はもちろんのこと、時間差でお尻も痛くなることを覚悟して臨んだほうが良いでしょう。この辛さに馴染める人はさすがに中国人でもそう多くはなく、

大都市のおしゃれな四川料理・湖南料理レストランは、辛さ控えめを売りにして地元客で賑わっています。日本人はよほど辛さに強い人でない限り、まずはこの辺から始めてみることをお勧めします。辛さ控えめとはいえ、四川独特の山椒による「しびれる辛さ」、湖南の特徴である「複雑な辛味」はしっかり活きていて、却って味の複雑さが楽しめるのではないかと思います。

辛さばかりがクローズアップされがちな四川料理ですが、実は辛くない料理に美味しいものが結構あります。ジャスミン茶を使いマリネした鴨をクスノキのチップでスモークし、蒸し、丸揚げした「樟茶鴨 [zhāng chá yā]」などはその典型ですし、点心の種類も豊富でどれも繊細です。

雲南料理は、日本人にとってのタイやベトナム料理のようなエスニック系と受け止められているようで、エキゾチックな内装でおしゃれに食べさせるレストランが大都市に出てきています。

四川料理の代表料理　四川菜・川菜

マーボー豆腐
má pó dòu fǔ
麻婆豆腐

ホイコーロー
huí guō ròu
回锅肉

タンタン麺
dàn dàn miàn
担担面

酸辣湯
suān là tāng
酸辣汤

牛肉の唐辛子煮
shuǐ zhǔ niú ròu
水煮牛肉

茄子の辛味甘酢炒め
yú xiāng qié zi
鱼香茄子

ゆで鶏の香味ソース
guài wèi jī
怪味鸡

ゆでワンタンの辛味ソースかけ
chāo shǒu
抄手

白菜の古漬けと川魚のスープ煮
suān cài yú
酸菜鱼

鶏肉とピーナッツの辛味炒め
gōng bǎo jī dīng
宫保鸡丁

中国料理について

広東料理(粤菜 [yuè cài])

　日本の中華料理に一番近いのでは?と思わせる広東料理。蒸し物やスープに力点を置き、四大料理の中では一番油っこくないと言えます。味付けは総じて淡白、スープの旨みで食べさせる料理は、素材の持ち味を活かすという点では中国一で、潮州料理、客家料理、香港もこのカテゴリーに含まれます。広東人は砂糖甘いのも好きらしく、炸醤麺などはまるで別物に感じるほど、砂糖甘くて面食らいます(本家北京の炸醤麺には砂糖を使わない)。

　俗にいう「四足で食べないのはテーブルだけ、翼がないので食べないのは飛行機だけ」と言われるのは広東料理を指していて、日本人にとっては「げてもの」の部類のヘビや犬猫、はてはセンザンコウから猿の脳みそまで食べるとされていますが、伝染病や生態保護など種々の理由から、現在は多くが食用禁止になっています。

　日本人に好まれる理由は、飲茶に代表される豊富な点心にもあるでしょう。少しずつ色々なものが気軽に味わえる飲茶は、大勢で食べないと品数が注文できない中国料理のなかでは貴重な存在です。香港を含む広東料理圏では、日常に溶け込んだ習慣なので、一度と言わず二度三度、滞在中の朝食

広東料理の代表料理　广东菜・粤菜

海鮮	飲茶	酢豚	子豚の丸焼き
hǎi xiān	zǎo chá	gǔ lǎo ròu	kǎo rǔ zhū
海鲜	早茶	古老肉	烤乳猪

ワンタン麺	チャーシュー	フカヒレの煮込み
hún tún miàn	chā shāo	hóng shāo yú chì
馄饨面	叉烧	红烧鱼翅

土鍋炊き込みご飯	蛇のスープ	ハタの姿蒸し
bāo zǎi fàn	shé gēng	qīng zhēng shí bān yú
煲仔饭	蛇羹	清蒸石斑鱼

は全てこれというくらい通いつめても、飽きることはないでしょう。

　広東料理圏以外での広東料理は高級な部類に入ります。使われる食材に海鮮が多く、調理法が単純なので新鮮さが問われること、他の地方料理と比べるとスープの仕込みなどの手間がかかることが理由と思われます。とはいえ脂っこい料理は食べ飽きたけど、日本料理屋に行くのはちょっと…という時のためにぜひ押さえておきましょう。

その他の主な地方料理

東北料理（东北菜 [dōng běi cài]）

　黒竜江、吉林、遼寧三省にモンゴル東部を加えた地域の料理です。「田舎料理」のイメージが強いのですが、それが却って素朴で良いと、東北独特の派手な花柄のファブリックで彩られたレストランが、都市部で人気を集めています。冬は寒さが厳しいため野菜が少なく、貯蔵がきくじゃがいもと白菜に頼ることに。一方肉料理の種類は比較的多く、冬のビタミン源として欠かせない、白菜漬けを発酵させた中国版ザワークラウトとも言える「酸菜 [suān cài]」を使った餃子や煮込み料理がお勧めです。北京料理に似て味付けにはほとんど砂糖を使わず、塩味メインのシンプルな味わいが身上です。北方らしく度数の高いスピリッツもいいけれど、中国で一番歴史が古いハルビンビールと共に味わうのもなかなかオツです。

東北料理の代表料理　　东北菜

豚のすねの甘辛煮
hóng shāo zhǒu zi
红烧肘子

豚肉と白菜古漬けと春雨の煮込み
suān cài zhū ròu dùn fěn tiáo
酸菜猪肉炖粉条

犬肉鍋
gǒu ròu guō
狗肉锅

松の実ととうもろこしの炒め物
sōng zi yù mǐ
松子玉米

茄子とじゃがいもとピーマンの炒め物
dì sān xiān
地三鲜

13

中国料理について

福建料理 (闽菜 [mǐn cài])

　福建省を中心とする料理です。台湾料理も広い意味でここに属すると言えます。豊富な海鮮料理、スープや蒸し物が多いのは広東料理と似通っていますが、福建料理は麹などの発酵食品を多用し、甘酸っぱい味の料理が多いのが特徴です。乾物を使った料理も豊富で、「美味しそうな香りに、修行僧も寺の壁を飛び越えてくる」が名の由来の佛跳牆（佛跳墙 [fó tiào qiáng]）は、その代表格。アワビ、ナマコ、フカヒレ、魚の唇などの多彩な高級乾物と共に、金華ハム、ハトの卵、種々の肉などを特別な壺でじっくりと蒸してつくる、手間もお金もかかる、とても複雑な味わいの料理として知られています。

福建料理の代表料理　　福建菜・闽菜

肉入り魚つみれ
bāo xīn ròu wán
包心肉丸

蟹おこわ
hóng xún fàn
红鲟饭

牛肉のサテソース炒め
shā chá niú ròu
沙茶牛肉

乾物と珍味の蒸しスープ
fó tiào qiáng
佛跳墙

スペアリブのスパイシー炒め
zuì pái gǔ
醉排骨

イスラム料理 (清真菜 [qīng zhēn cài])

　新疆ウイグル自治区、寧夏回族自治区を代表とする、ムスリムの料理を指します。陝西省でも多く見られます。

　イスラム料理は漢民族の多い地区でも比較的普及していて、北京などは歴史的に回族が多かったことから、庶民の食卓に浸透している料理も少なくありません。レストランは看板にイスラム文字（ウイグル文字のこともあるらしいけど、私には見分けがつきません…）、「清真 [qīng zhēn]」と書いてあるのが目印で、回教徒のみならず、一般庶民や外国

人のファンも少なくありません。

　ムスリムですので食材も料理法もハラール遵守。豚肉、一部の魚介、酒は使いません。肉は主に牛肉か羊で、特に羊料理が得意です。有名なのは羊のしゃぶしゃぶ（涮羊肉 [shuàn yáng ròu]）。羊の美味しくなる冬にはぜひ食べたい料理です。クミンやトウガラシを効かせたスパイシーなシシカバブ（羊肉串 [yáng ròu chuàn]）も、羊好きなら見逃せません。また、ウイグル料理では麺類も要注目です。トマトたっぷり野菜のソースがかかった麺は、まるでイタリアのパスタのようで、中国料理に飽きた時にも食が進むこと請け合いです。

　ムスリムはアルコールご法度ですが、非ムスリム人口が多い都市部の料理屋では持ち込みOKだったり、店にアルコールを置いていることも結構多いので、酒好きにも安心ですが、店に入る前に念のため確認したほうがいいでしょう。

イスラム料理の代表料理

清真菜

羊のしゃぶしゃぶ
shuàn yáng ròu
涮羊肉

シシカバブ
yáng ròu chuàn
羊肉串

羊の甘辛炒め
tā sì mì
它似蜜

牛（羊）のもつのスープ
zá suì tāng
杂碎汤

羊と葱の炒め物
cōng bào yáng ròu
葱爆羊肉

台湾料理（台湾菜 [tái wān cài]）

台湾

　福建料理をベースに独自の発展をした料理です。四方を海で囲まれていることから海産物に恵まれ、一方高地も多くて山菜や新鮮な野菜、果物も豊富に採れるので、福建料理ベースと言いながらも台湾でしか味わえない料理が数多くあります。また、国民党軍が中国各地から一流コッ

中国料理について

クを多数連れて行ったとことで、より洗練された中国の各地料理が味わえるのも嬉しいところ。料理は中国大陸の南方と同じくあっさりとしたもので、甘めの味付けになっています。

旅行者にとって魅力的なのは、一般の中国料理のような大皿ではなく小皿料理が多いこと、夜市のような屋台料理が多いことから、少人数でも色々なメニューを楽しめることでしょう。また、仏教徒が多いせいか精進料理を好む人も少なくなく、ベジタリアン向けのメニューが豊富なのも特徴です。最近では特に自然志向が強くなっているようで、自家農園、自家牧場で育てた食材を売りにしたレストランや食材店が増えています。

日本の統治下にあったこと、現在も日本ファンが多いことからか、普通のレストランでも日本食のようにアレンジした料理が味わえるのも面白いところです。

台湾料理の代表料理　　台湾菜

担仔麺
dàn zǎi miàn
担仔面

肉そぼろ飯
lǔ ròu fàn
卤肉饭

焼きビーフン
chǎo mǐ fěn
炒米粉

海鮮
hǎi xiān
海鲜

肉団子スープ
gòng wán tāng
贡丸汤

カラスミ
wū yú zi
乌鱼子

オーギョチー
ài yù zi
爱玉子

鶏の醤油あぶら煮
sān bēi jī
三杯鸡

醤油味の炊き込みおこわ
yóu fàn
油饭

かきのオムレツ
hé zǎi jiān
蚵仔煎

その他、山東料理、淮揚料理、湖南料理、雲南料理の代表的なものは右ページをごらんください。

その他の主な地方料理

山東料理の代表料理 — 山东菜・鲁菜

海鮮料理	炒めカスタード	干しナマコと葱の甘辛煮
hǎi xiān 海鲜	sān bú zhān 三不粘	cōng shāo hǎi shēn 葱烧海参

鯉の丸揚げ甘酢あんかけ	徳州風丸鶏の揚げ煮
táng cù lǐ yú 糖醋鲤鱼	dé zhōu bā jī 德州扒鸡

淮揚料理の代表料理 — 淮扬菜

五目チャーハン	豚すね肉の煮こごり	大きな肉団子の甘辛煮
yáng zhōu chǎo fàn 扬州炒饭	shuǐ jīng yáo ròu 水晶肴肉	hóng shāo shī zi tóu 红烧狮子头

ヒラコノシロの姿蒸し	糸切り干し豆腐のスープ煮
qīng zhēng shí yú 清蒸鲥鱼	dà zhǔ gān sī 大煮干丝

湖南料理の代表料理 — 湖南菜・湘菜

鶏肉と唐辛子の炒め	干し肉の蒸し物	中国ハムの蜜煮
dōng ān zǐ jī 东安子鸡	là wèi hé zhēng 腊味合蒸	mì zhī huǒ tuǐ 蜜汁火腿

ひき肉とササゲの漬物辛味炒め	唐辛子とにんにく味の煮込み鍋
suān dòu jiǎo ròu ní 酸豆角肉泥	gān guō 干锅

雲南料理の代表料理 — 云南菜・滇菜

五目ライスヌードル	鶏肉の土鍋蒸しスープ	雲南ハム
guò qiáo mǐ xiàn 过桥米线	qì guō jī 汽锅鸡	yún nán huǒ tuǐ 云南火腿

パイナップルチャーハン	宜良風アヒルの丸焼き
bō luó chǎo fàn 菠萝炒饭	yí liáng kǎo yā 宜良烤鸭

1

料 理 法

味付け・形容

bā bǎo 八宝
例 八宝饭

bīng táng 冰糖
氷砂糖でつくられたシロップを使った料理。主にデザートに用いられる
例 冰糖银耳

cù jiāo 醋椒
酢（白酢）と山椒で味付けをした料理
例 醋椒土豆

cuì 脆
揚げ物の衣のように、もろい食感を表す
例 香脆炸虾

dàn pí 蛋皮
薄焼き卵で作った皮を使った料理
例 蛋皮卷

èr dōng 二冬 / shuāng dōng 双冬
冬タケノコ、どんこ椎茸を使った料理
例 炒双冬

fěi cuì 翡翠
翡翠のような鮮やかな緑色をした料理。色はホウレン草などの青菜のペーストでつけることが多い
例 翡翠面

fèng wěi 凤尾
尾がついたエビの料理
例 凤尾对虾

fó shǒu 佛手
仏手のような形に仕上げた料理
例 佛手瓜

fú róng 芙蓉
卵白を使い白くふわふわに仕上げた料理
例 芙蓉蟹

味付け・形容

怪味 guài wèi
たくさんの調味料で複雑な味に仕上げた料理
例 怪味鸡

桂花 guì huā
キンモクセイ（多くは砂糖漬け）を使った料理。もしくは卵をキンモクセイに見立てた料理
例 桂花芋芳

荷叶 hé yè
蓮の葉で包んだ料理。蒸し物に使われることが多い
例 荷叶粉蒸肉

虎皮 hǔ pí
虎皮のようにきつね色でしわが寄った様子
例 虎皮尖椒

琥珀 hǔ pò
琥珀色に仕上げた料理
例 琥珀核桃

家常 jiā cháng
家庭風
例 家常豆腐

家乡 jiā xiāng
田舎風
例 家乡肉

椒盐 jiāo yán
粉山椒と塩をから煎りした調味料を使った料理
例 椒盐排骨

金钱 jīn qián
古銭のように中心に穴が開いた丸型に仕上げた料理
例 金钱肉

京都 jīng dōu
北京風
例 京都排骨

卷 juǎn
材料を巻いて仕上げた料理
例 春卷

口水 kǒu shuǐ
よだれが出るほどおいしいという形容
例 口水鸡

1 料理法

味付け・形容

两吃 liǎng chī
ひとつの食材を2種類の調理法で仕上げた料理
例 整鱼两吃

龙井 lóng jǐng
龍井茶（緑茶）で風味付けをした料理
例 龙井虾仁

卤水／卤汁 lǔ shuǐ / lǔ zhī
甘辛味のたれで漢方薬を煮出したたれに漬けた料理、もしくはその漬け汁
例 卤鸡肝

麻辣 má là
麻（しびれる）辣（辛い）味付けの料理。麻は山椒、辣は唐辛子を用いる
例 麻辣豆腐

調理法

玫瑰 méi guī
バラもしくはハマナスの花の風味をつけた料理
例 玫瑰腐乳

蜜汁 mì zhī
麦芽糖やハチミツでつくったたれを絡めた料理
例 蜜汁叉烧

木樨／木须 mù xī / mù xū
卵をふんわり炒めたものが入った料理
例 木须肉

琵琶 pí pá
食材を琵琶のような形に仕上げた料理
例 琵琶鸭

切り方

千层 qiān céng
パイのように層が重なった料理
例 千层酥

球 qiú
火をとおして丸まった蝦や鶏肉など、球形の食材がメインとなる料理
例 番茄鸡球

塞 sāi
豆腐や油麸などをくりぬき、食材を詰めた料理
例 面巾塞肉

三丝 sān sī
千切りの材料を3種類使った料理
例 扣三丝

味付け・形容

sān xiān 三鲜
生の材料を3種類使った料理。主に肉、エビ、タケノコなど
例 三鲜水饺

shā lù 沙律
サラダ、もしくはサラダっぽく仕上げた料理。マヨネーズやサウザンアイランドで和えた料理を指すことが多い
例 沙律海鲜卷

shā guō 砂锅
土鍋料理
例 砂锅白肉

shén jǐn 什锦
色々な材料を使った料理。日本で言うところの"五目"
例 什锦炒饭

shǒu sī 手撕
手で割いた材料を使った料理
例 手撕饼

shuāng wèi 双味
2種類の調理法を用いた料理
例 太极双味鱼

shuǐ jīng 水晶
水晶のように透き通った料理
例 水晶肉

sì bǎo 四宝
ナマコ、アワビなど、4種類の高級食材を使った料理
例 四宝粥

sì xǐ 四喜
4つに分けられた料理、もしくは同材料を4種類の調理法を用いた料理
例 四喜丸子

sōng shǔ 松鼠
尾頭付きの魚に切れ目を入れ、からりと揚げたところにとろみのついたアンをかけた料理。形が松鼠(リス)に似ているとされる
例 松鼠桂鱼

suān là 酸辣
酸味と辛味が利いた料理
例 酸辣汤

tài jí 太极
太極形に仕上げた料理
例 太极豆腐

23

1 料理法

味付け・形容

糖醋 tángcù — 甘酢味の料理
例 糖醋里脊

丸子 wánzi — 肉団子、すり身団子
例 肉丸子

五香 wǔxiāng — 五香粉を使った料理
例 五香豆

五彩 wǔcǎi — 5種類の料理、または5種類の材料でつくった料理
例 五彩拼盘

調理法

五仁 wǔrén — 5種類のナッツが入った料理
例 五仁月饼

西湖 xīhú — 浙江省杭州市の西湖でとれる材料（主にジュンサイや魚）を用いた料理
例 西湖醋鱼

西施 xīshī — 絶世の美女と言われる西施の肌に例え、白くて柔らかい料理を指す
例 西施豆腐

下水 xiàshuǐ — 豚の内臓
例 卤猪下水

响铃 xiǎnglíng — 響鈴（鈴がなる）音のごとくさくさくに調理した料理。揚げ物に使われることが多い
例 炸响铃

香酥 xiāngsū — 香（香ばしく）酥（さくさく）に調理した料理
例 香酥鸭

切り方

星洲 xīngzhōu — シンガポール風
例 星洲炒米粉

雪花 xuěhuā — 卵白（多くはメレンゲ）を使った料理
例 雪花豆腐

24

味付け・形容

yán shuǐ 盐水
ゆでた肉などを濃いめの塩水に漬けた料理
例 盐水鸭

yáng chéng 羊城
広東風
例 羊城海参

yī pǐn 一品
特上の、という意味を持つ。手間がかかった料理につけられることが多い
例 一品豆腐

yóu lín 油淋
仕上げに熱く熱した油をかけた料理
例 油淋鸡

yú xiāng 鱼香
唐辛子を合わせた四川独特のしょっつるを使った料理が元だが、簡略化して甘辛唐辛味のこともある
例 鱼香茄子

yuān yāng 鸳鸯
2種類、もしくは2色に仕上げた料理
例 鸳鸯火锅

zhēn zhū 珍珠
もち米をまぶして蒸した料理
例 珍珠丸子

zhōng 盅
冬瓜などをくりぬいて器に見立てたものを使った料理
例 西瓜盅

zǒu yóu 走油
よく煮込んですっかり油が抜けた状態を表す
例 走油肉

MEMO

MEMO

1 料理法

調理法

味付け・形容

調理法

切り方

chǎo
炒 炒める

炒める

shēng chǎo
生炒 炒める

下味をつけずに炒める

qīng chǎo
清炒 炒める

塩だけでさっと炒める

huá chǎo
滑炒 炒める

油通ししてから炒め、とろみをつける

bào
爆 炒める

強火で一気に炒める

yóu bào
油爆 炒める

強火で炒める

yuán bào
芫爆 炒める

香菜を加えて強火で一気に炒める

cōng bào
葱爆 炒める

葱を加えて強火で一気に炒める

調理法

jiàng bào
酱爆 　炒める
強火で一気に炒めたものに
みそで味をつける

biān
煸 　炒める
高温の鍋で絶えず
動かしながら炒める

gān biān
干煸 　炒める
水分を飛ばしながら
炒める

liū
溜 　炒める
あんかけ

zāo liū
糟熘 　炒める
酒かすを加えた
あんかけ

shāo
烧 　煮る・ゆでる
煮込む

gān shāo
干烧 　煮る・ゆでる
汁気がなくなるまで
炒め煮する

hóng shāo
红烧 　煮る・ゆでる
醤油煮込み

ruǎn shāo
软烧 　煮る・ゆでる
柔らかい仕上がりの
煮込み

dùn
炖 　煮る・ゆでる
弱火で煮込む

27

1 料理法

味付け・形容

調理法

切り方

mèn 焖 煮る・ゆでる	yóu mèn 油焖 煮る・ゆでる
弱火で煮詰まるまで煮込む	揚げ煮

huì 烩 煮る・ゆでる	bāo 煲 煮る・ゆでる
小さく切った材料の煮込み	土鍋煮込み

áo 熬 煮る・ゆでる	tā tā 煠/塌 煮る・ゆでる
煮込む（スープ）	両面焼きにしてから含ませ煮にする

bā 扒 煮る・ゆでる	wēi 煨 煮る・ゆでる
煮込んでとろみをつけ、形のまま盛りつける	あらかじめ火を通した材料を合わせ、とろ火で煮込む

gēng 羹 煮る・ゆでる	zhǔ 煮 煮る・ゆでる
とろみのついたスープ	熱湯やスープでゆでる

28

調理法

bái zhǔ 白煮 【煮る・ゆでる】
熱湯でゆでる

cuān tàng 汆/烫 【煮る・ゆでる】
湯通し

zhuó 灼 【煮る・ゆでる】
熱湯でさっとゆでる

shuàn 涮 【煮る・ゆでる】
しゃぶしゃぶ

shuǐ jìn 水浸 【煮る・ゆでる】
熱湯に材料を入れ、余熱で火を通す

chuān 川 【煮る・ゆでる】
切った材料をさっとスープにくぐらせる

zhá 炸 【揚げる】
揚げる

tǔn 汆 【揚げる】
中温でゆっくり揚げる

qīng zhá 清炸 【揚げる】
高温で揚げる

gān zhá 干炸 【揚げる】
粉をはたいてからっと揚げる

1 料理法

味付け・形容

調理法

切り方

sū zhá 酥炸 **揚げる** 火を通したあとに衣揚げする	ruǎn zhá 软炸 **揚げる** 衣揚げ
huá liū 滑溜 **揚げる** 揚げたあと、あんかけにする	yóu jìn 油浸 **揚げる** 油に浸し、弱火で火を通す
yóu lín 油淋 **揚げる** 油をかけながら火を通す	jìn 浸 **揚げる** 油に材料を入れ、予熱で火を通す
jí liè 吉列 **揚げる** カツレツ	kǎo 烤/ shāo kǎo 烧烤 **焼く** オーブンや炉で焼く
jiān 煎 **焼く** 両面焼き	hōng 烘 **焼く** オーブン焼き

30

調理法

lào **烙** 焼く 平鍋焼き	tā **塌** 焼く 平らな材料を 油焼きしてから煮る
zhēng **蒸** 蒸す 蒸す	kòu **扣** 蒸す 器で蒸し、 ひっくり返して盛り付ける
fěn zhēng **粉蒸** 蒸す 米粉をまぶして蒸す	qīng zhēng **清蒸** 蒸す 強火で蒸す
bàn **拌** その他 和える	liáng bàn **凉拌** その他 和え物
dòng **冻** その他 ゼラチンや寒天で 固める、煮凝り	zuì **醉** その他 酒漬け

1 料理法

味付け・形容

調理法

卤 lǔ （その他） 漢方薬入りの甘辛だれに漬ける	**酿** niàng （その他） 詰め物をする
炝 qiàng （その他） 火を通したあと、仕上げに調味料をからめる	**腌** yān （その他） 漬ける
熏 xūn （その他） 燻製する	**酱** jiàng （その他） 醤油だれ漬け
拔丝 bá sī （その他） 飴がらめ	MEMO

切り方

MEMO

1 料理法

切り方

dīng 丁	duàn 段
大きめのさいの目切り	ぶつ切り

huā 花	kuài 块
みじん切り	ぶつ切り

lì 粒	mǐ 米
小さなさいの目切り	粗みじん切り

mò 末	ní 泥
みじん切り、挽く	つぶし切り、ペースト

1 料理法

味付け・形容

pāi 拍 たたく	piàn 片 薄切り、そぎ切り
qiē 切 切る	róng 茸 すり身

調理法

sī 丝 細切り	sōng 松 そぼろ
tiáo 条 拍子木切り	xiàng yǎn 象眼 ひし形切り

切り方

xuē 削 削る	zhǎn 斩 骨付きぶつ切り

34

2

素材別単語

肉 — 肉一般

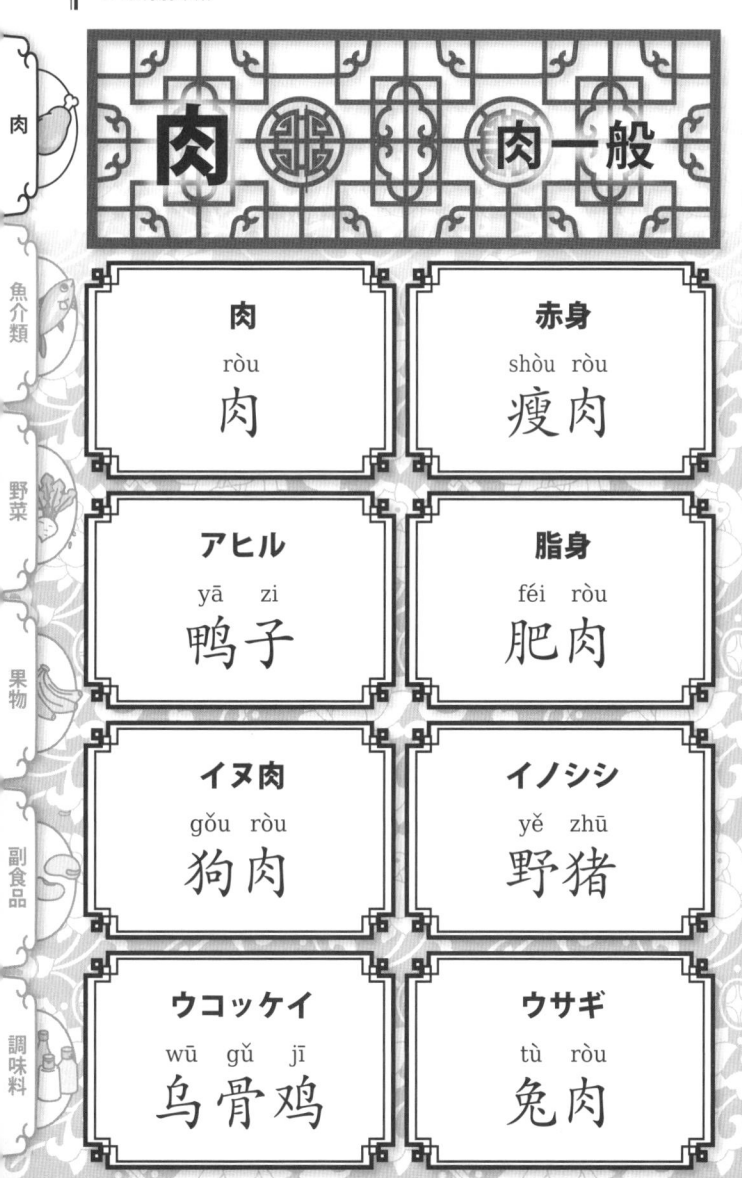

肉	赤身
ròu 肉	shòu ròu 瘦肉

アヒル	脂身
yā zi 鸭子	féi ròu 肥肉

イヌ肉	イノシシ
gǒu ròu 狗肉	yě zhū 野猪

ウコッケイ	ウサギ
wū gǔ jī 乌骨鸡	tù ròu 兔肉

肉 — 肉一般

ウズラ	**ガチョウ肉**
ān chún	é ròu
鹌鹑	鹅肉

カモ	**キジ**
yě yā	shān jī / yě jī
野鸭	山鸡/野鸡
	俗語では娼婦のことを指す

牛肉	**仔牛**
niú ròu	xiǎo niú
牛肉	小牛

仔豚	**サソリ**
rǔ zhū	xiē zi
乳猪	蝎子

シカ肉	**シチメンチョウ**
lù ròu	huǒ jī
鹿肉	火鸡

37

2 素材別単語

地鶏
tǔ jī cǎo jī
土鸡/草鸡

ジビエ
yě wèi
野味
いわゆる"ゲテモノ"を指すこともある

食用ガエル
tián jī
田鸡

スズメ
má què
麻雀

トリ肉
jī ròu
鸡肉

ハト
gē zi
鸽子

ひき肉
ròu mò jiǎo ròu
肉末/绞肉

羊肉
yáng ròu
羊肉

ひね鶏
lǎo jī
老鸡
肉は堅いので主にスープに使われる

ブタ肉
zhū ròu
猪肉
中国語で"肉"と言えばブタ肉を指す

肉 — 肉一般

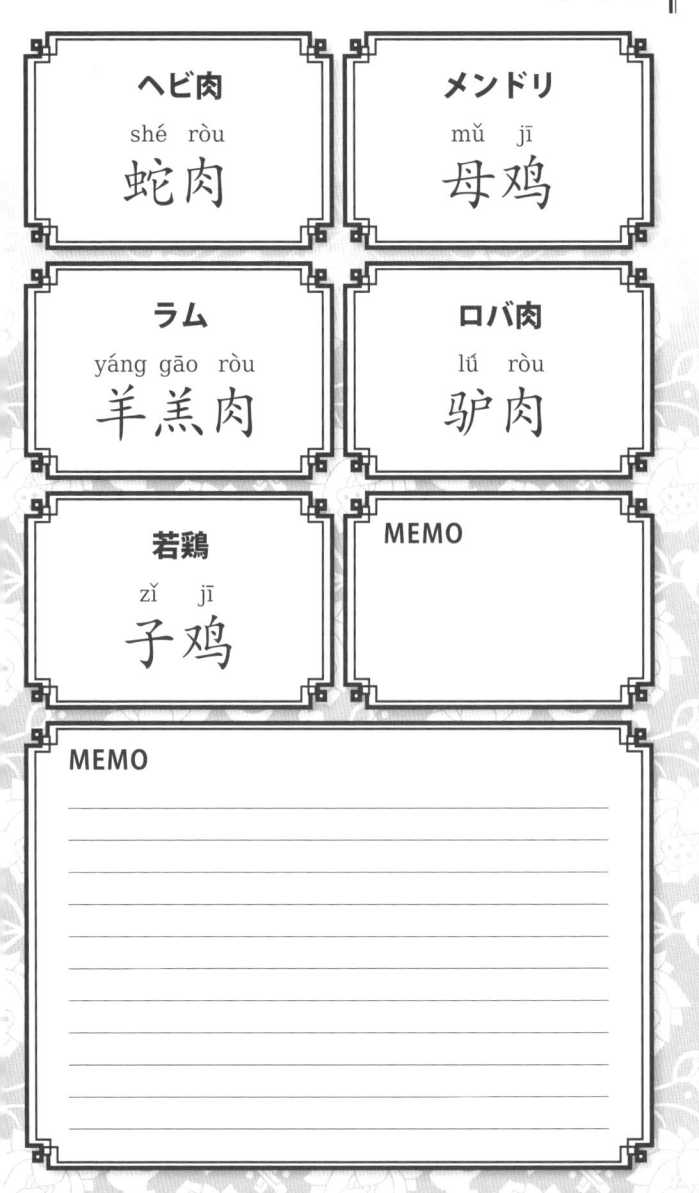

ヘビ肉 shé ròu 蛇肉	**メンドリ** mǔ jī 母鸡
ラム yáng gāo ròu 羊羔肉	**ロバ肉** lú ròu 驴肉
若鶏 zǐ jī 子鸡	MEMO

MEMO

肉 部位別

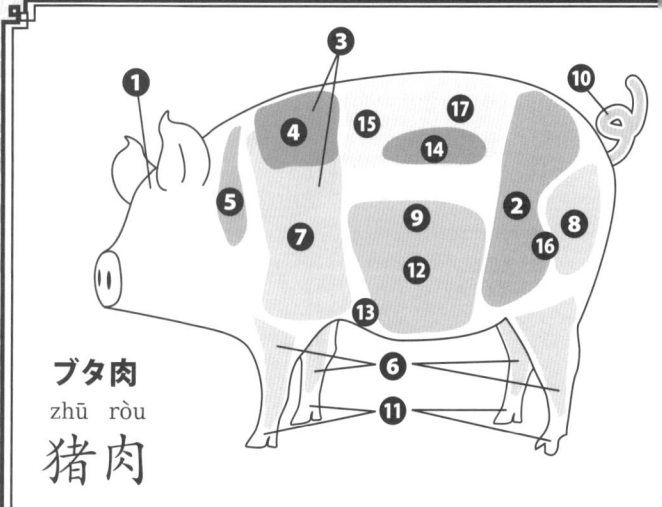

ブタ肉
zhū ròu
猪肉

❶アタマ
zhū tóu
猪头

❷内もも
hòu tuǐ / mó dāng
后腿/磨裆

❸肩
jiā xīn ròu
夹心肉

❹肩ロース
shàng nǎo
上脑

❺くび
jǐng ròu
颈肉

肉一部位別

❻すね
zhǒu zi / tí páng
肘子/蹄膀

❼スペアリブ
pái gǔ
排骨

❽外もも
zuò tún
坐臀

❾中バラ
lèi tiáo
肋条

❿テール
zhū wěi
猪尾

トンコツ
zhū gǔ
猪骨

⓫豚足
zhū jiǎo / zhū shǒu
猪脚/猪手

⓬バラ
wǔ huā ròu
五花肉

⓭腹脂
bǎn yóu
板油

⓮ヒレ
lǐ jǐ
里脊

⓯骨付きロース
dà pái gǔ
大排骨

⓰もも
zhū tuǐ
猪腿

ラード
zhū yóu
猪油

⓱ロース
wài jǐ ròu
外脊肉

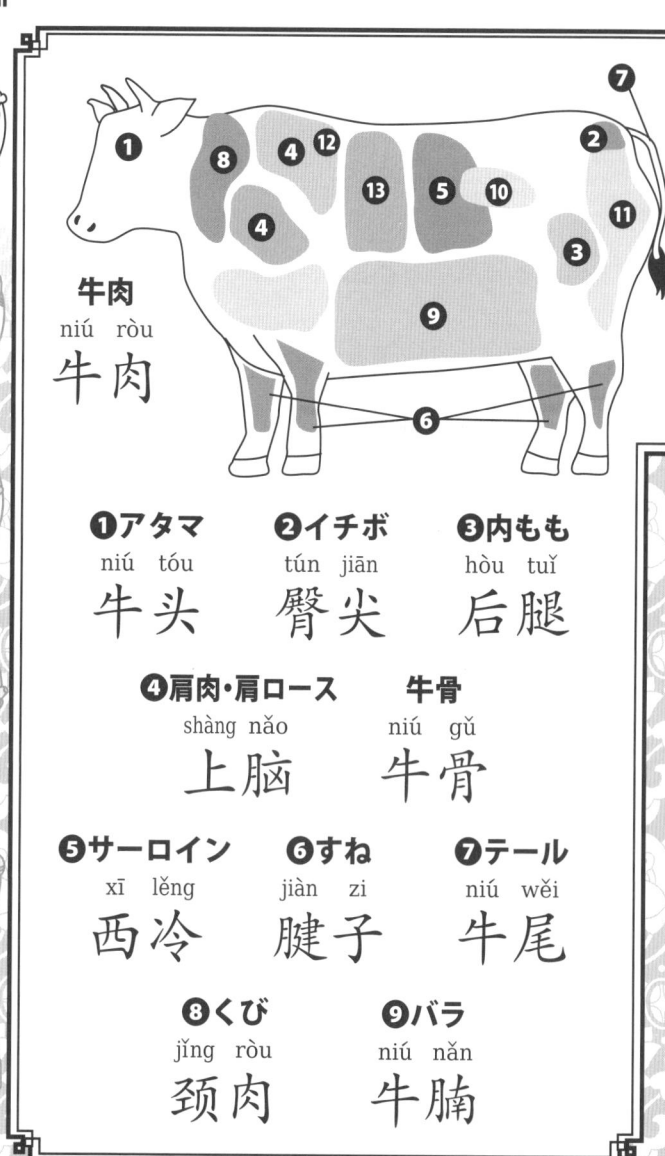

肉

牛肉
niú ròu
牛肉

❶アタマ
niú tóu
牛头

❷イチボ
tún jiān
臀尖

❸内もも
hòu tuǐ
后腿

❹肩肉・肩ロース
shàng nǎo
上脑

牛骨
niú gǔ
牛骨

❺サーロイン
xī lěng
西冷

❻すね
jiàn zi
腱子

❼テール
niú wěi
牛尾

❽くび
jǐng ròu
颈肉

❾バラ
niú nǎn
牛腩

魚介類　野菜　果物　副食品　調味料

42

肉一部位別

⑩ヒレ
lǐ jǐ / niú liǔ
里脊/牛柳

ヘット/牛脂
niú yóu
牛油

⑪もも
niú tuǐ
牛腿

⑫リブアイ
yǎn ròu
眼肉

⑬ロース
wài jǐ ròu
外脊肉

トリ肉
jī ròu
鸡肉

❶あし
jī zhuǎ / fèng zhuǎ
鸡爪/凤爪

ガラ
jī gǔ jià
鸡骨架

❷ささみ
jī liǔ
鸡柳

❸手羽
jī chì
鸡翅

❹むね
jī xiōng
鸡胸

❺もも
jī tuǐ / jī pú
鸡腿/鸡脯

43

肉 / 内臓

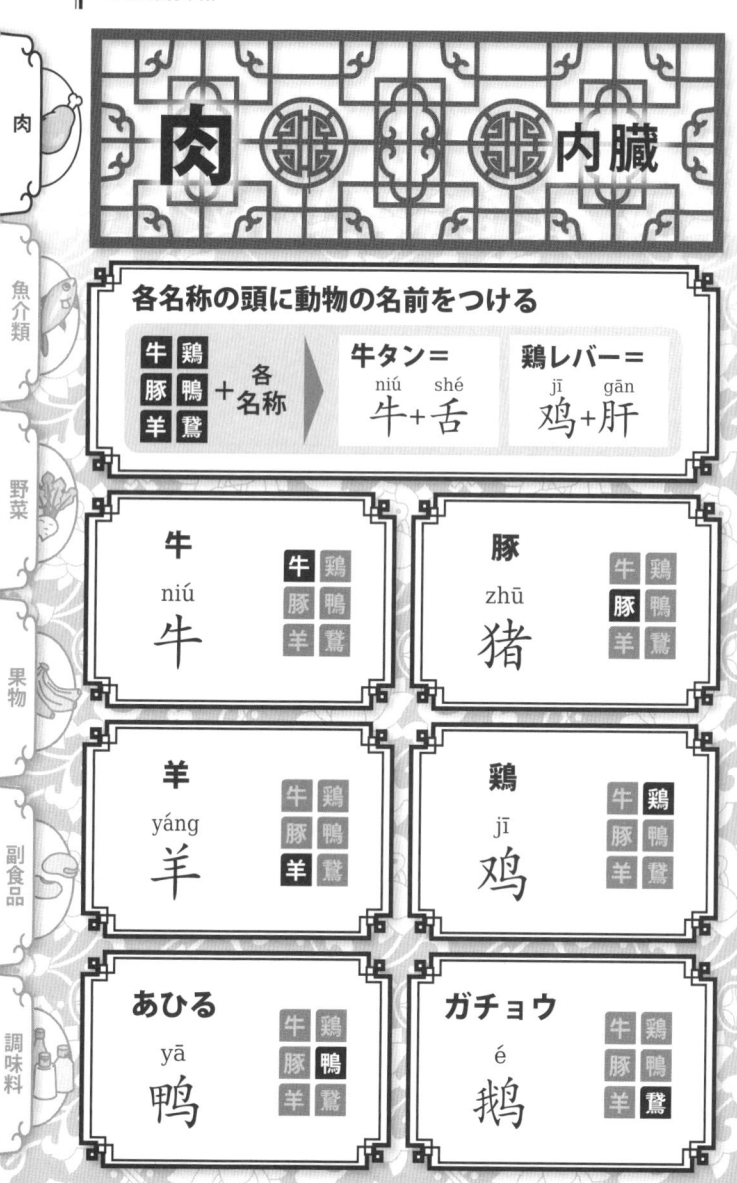

各名称の頭に動物の名前をつける

牛・豚・羊・鶏・鴨・鵞 + 各名称

牛タン = 牛(niú) + 舌(shé)

鶏レバー = 鸡(jī) + 肝(gān)

牛
niú
牛

豚
zhū
猪

羊
yáng
羊

鶏
jī
鸡

あひる
yā
鸭

ガチョウ
é
鹅

肉 — 内臓

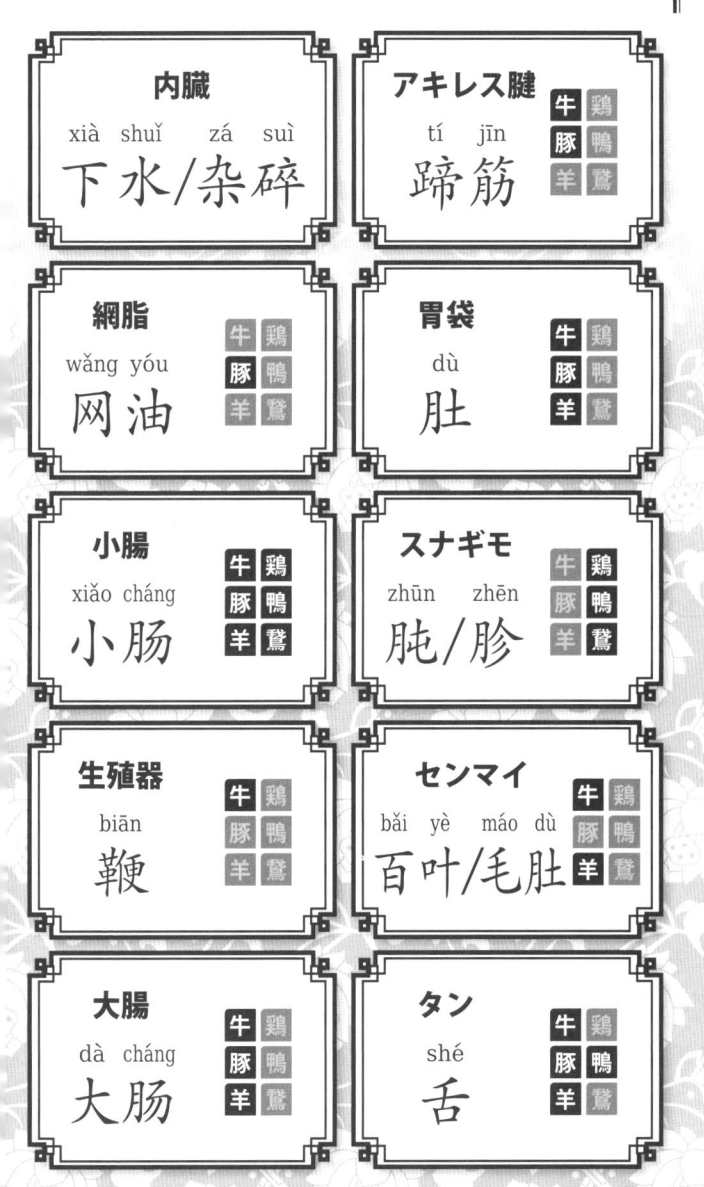

内臓	アキレス腱
xià shuǐ　zá suì 下水/杂碎	tí jīn 蹄筋　牛/鶏/豚/鴨/羊/鶯

網脂	胃袋
wǎng yóu 网油　牛/鶏/豚/鴨/羊/鶯	dù 肚　牛/鶏/豚/鴨/羊/鶯

小腸	スナギモ
xiǎo cháng 小肠　牛/鶏/豚/鴨/羊/鶯	zhūn　zhēn 肫/胗　牛/鶏/豚/鴨/羊/鶯

生殖器	センマイ
biān 鞭　牛/鶏/豚/鴨/羊/鶯	bǎi yè　máo dù 百叶/毛肚　牛/鶏/豚/鴨/羊/鶯

大腸	タン
dà cháng 大肠　牛/鶏/豚/鴨/羊/鶯	shé 舌　牛/鶏/豚/鴨/羊/鶯

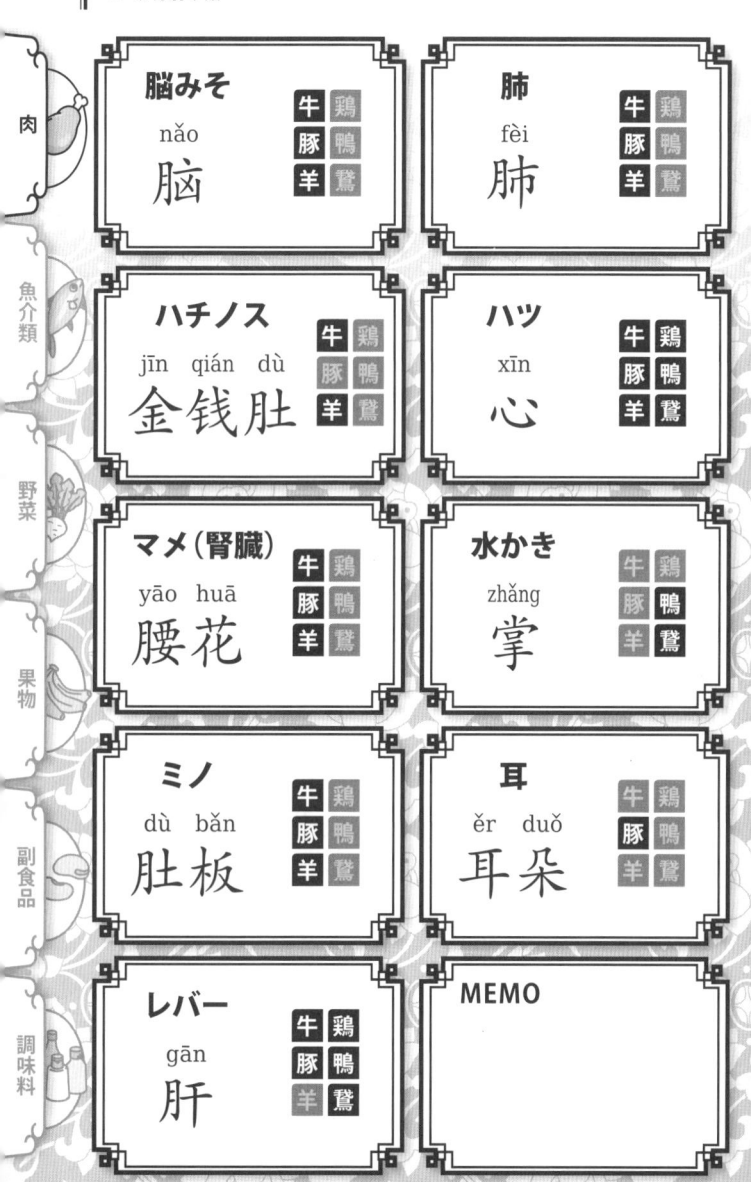

2 素材別単語

肉

脳みそ — nǎo 脑 （牛/豚/羊）

肺 — fèi 肺 （牛/豚/羊）

ハチノス — jīn qián dù 金钱肚 （牛/羊）

ハツ — xīn 心 （牛/鸡/豚/鸭/羊）

マメ（腎臓） — yāo huā 腰花 （牛/豚/羊）

水かき — zhǎng 掌 （鸭/鹅）

ミノ — dù bǎn 肚板 （牛/羊）

耳 — ěr duǒ 耳朵 （牛/豚/羊）

レバー — gān 肝 （牛/鸡/豚/鸭/羊/鹅）

MEMO

肉 — 加工品

アヒルの血
yā xuè
鸭血
豆腐のように固めて
スープなどに使う

ウインナーソーセージ
wéi yě nà xiāng cháng
维也纳香肠

金華ハム
jīn huá huǒ tuǐ
金华火腿

塩漬け肉
xián ròu　　là ròu
咸肉/腊肉

ソーセージ
xiāng cháng
香肠

中国ソーセージ
là cháng
腊肠

血を固めたもの
xuè dòu fu
血豆腐
豚、アヒル、鶏などの血でつくる

生ハム
shēng huǒ tuǐ
生火腿

肉 — 加工品

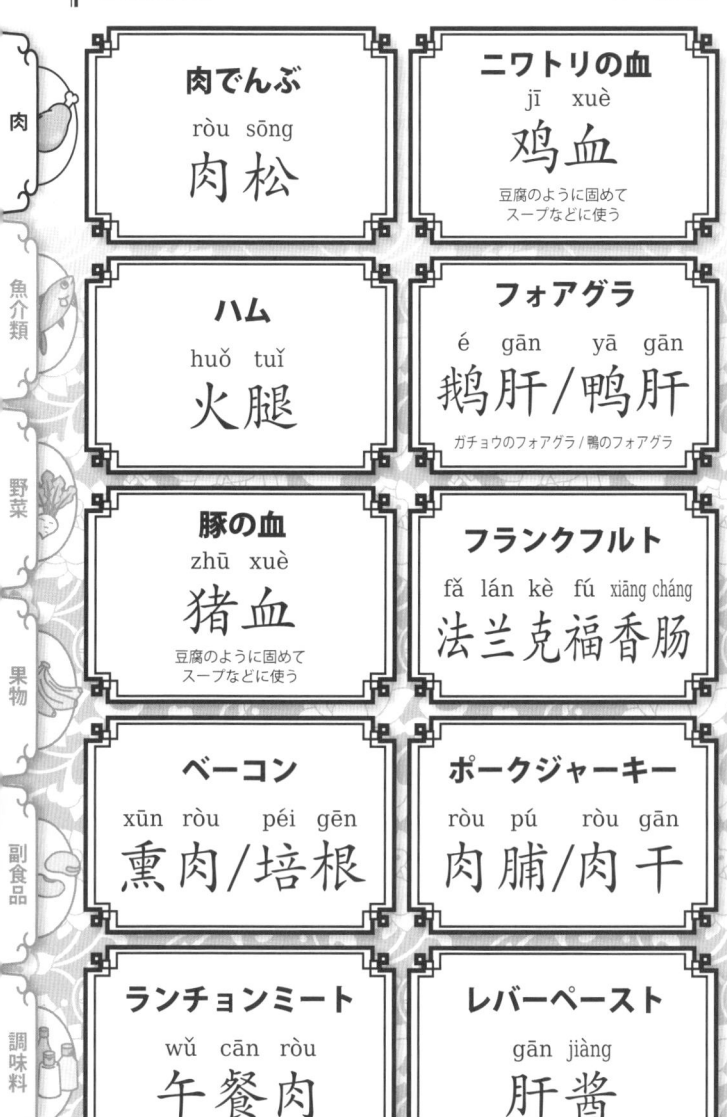

肉でんぶ
ròu sōng
肉松

ニワトリの血
jī xuè
鸡血

豆腐のように固めて
スープなどに使う

ハム
huǒ tuǐ
火腿

フォアグラ
é gān　yā gān
鹅肝/鸭肝

ガチョウのフォアグラ / 鴨のフォアグラ

豚の血
zhū xuè
猪血

豆腐のように固めて
スープなどに使う

フランクフルト
fǎ lán kè fú xiāng cháng
法兰克福香肠

ベーコン
xūn ròu　péi gēn
熏肉/培根

ポークジャーキー
ròu pú　ròu gān
肉脯/肉干

ランチョンミート
wǔ cān ròu
午餐肉

レバーペースト
gān jiàng
肝酱

肉 — 加工品

ロースハム

yáng huǒ tuǐ
洋火腿

MEMO

MEMO

肉　卵

アヒルの卵
yā dàn
鸭蛋

ウズラの卵
ān chún dàn
鹌鹑蛋

粕漬け卵
zāo dàn
糟蛋
液状の酒粕と塩に卵をつけたもの

鶏卵
jī dàn
鸡蛋

塩漬け卵
xián dàn
咸蛋
濃い食塩水にアヒルの卵を漬けたもの

ハトの卵
gē dàn
鸽蛋

ピータン
pí dàn　sōng huā dàn
皮蛋/松花蛋
表面に松の葉のような白い模様が出ているものが上等品とされる

卵黄
dàn huáng
蛋黄

卵白

dàn qīng　　dàn bái

蛋清/蛋白

鉄卵

tiě dàn

铁蛋

ウズラの卵を煮しめて乾かし、硬く仕上げたもの

MEMO

魚介類 / 海鲜

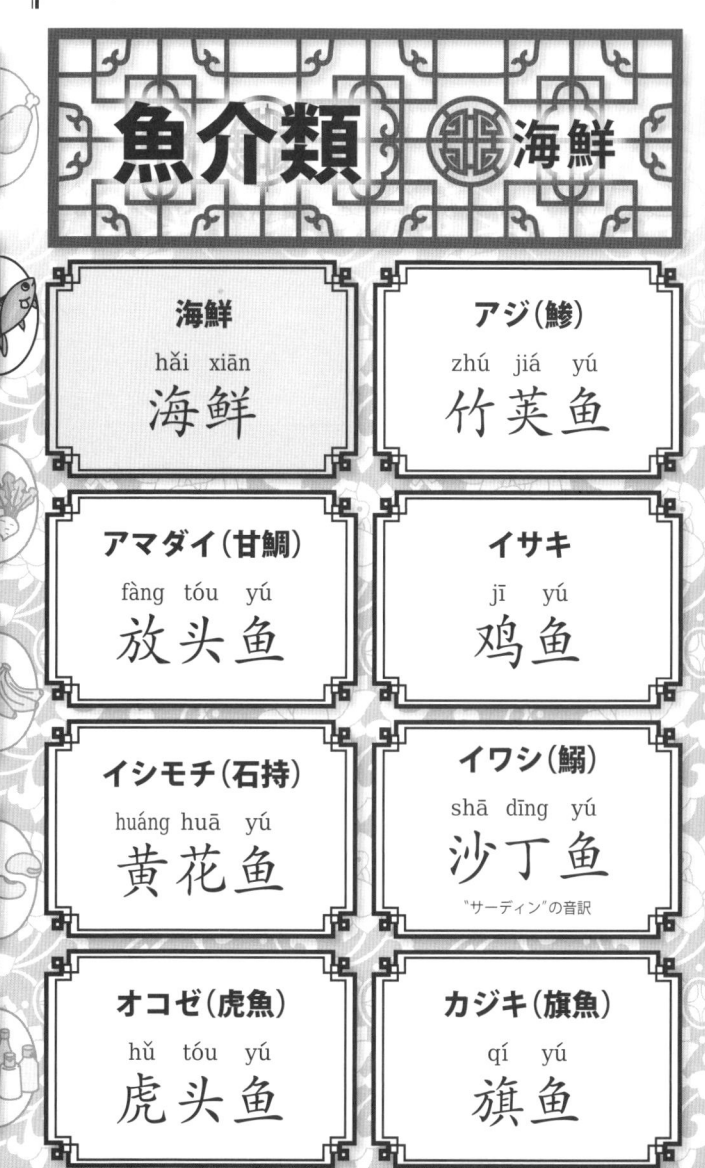

海鲜
hǎi xiān
海鲜

アジ(鯵)
zhú jiá yú
竹荚鱼

アマダイ(甘鯛)
fàng tóu yú
放头鱼

イサキ
jī yú
鸡鱼

イシモチ(石持)
huáng huā yú
黄花鱼

イワシ(鰯)
shā dīng yú
沙丁鱼

"サーディン"の音訳

オコゼ(虎魚)
hǔ tóu yú
虎头鱼

カジキ(旗魚)
qí yú
旗鱼

魚介類 — 海鮮

カツオ (鰹)
jiān yú
鲣鱼

カマス (梭子魚)
xiāng líng yú
香棱鱼

カレイ (鰈)
dié yú
鲽鱼

カワハギ
mǎ miàn yú　xiàng pí yú
马面鱼/橡皮鱼

キグチ
xiǎo huáng yú
小黄鱼

南北を問わず広く食べられている

キジハタ
hóng bān
红斑

銀ダラ (銀鱈)
yín xuě yú
银鳕鱼

サバ (鯖)
tái yú　qīng yú
鲐鱼/鲭鱼

サメ (鮫)
shā yú
鲨鱼

サヨリ (細魚)
zhēn yú
针鱼

魚介類

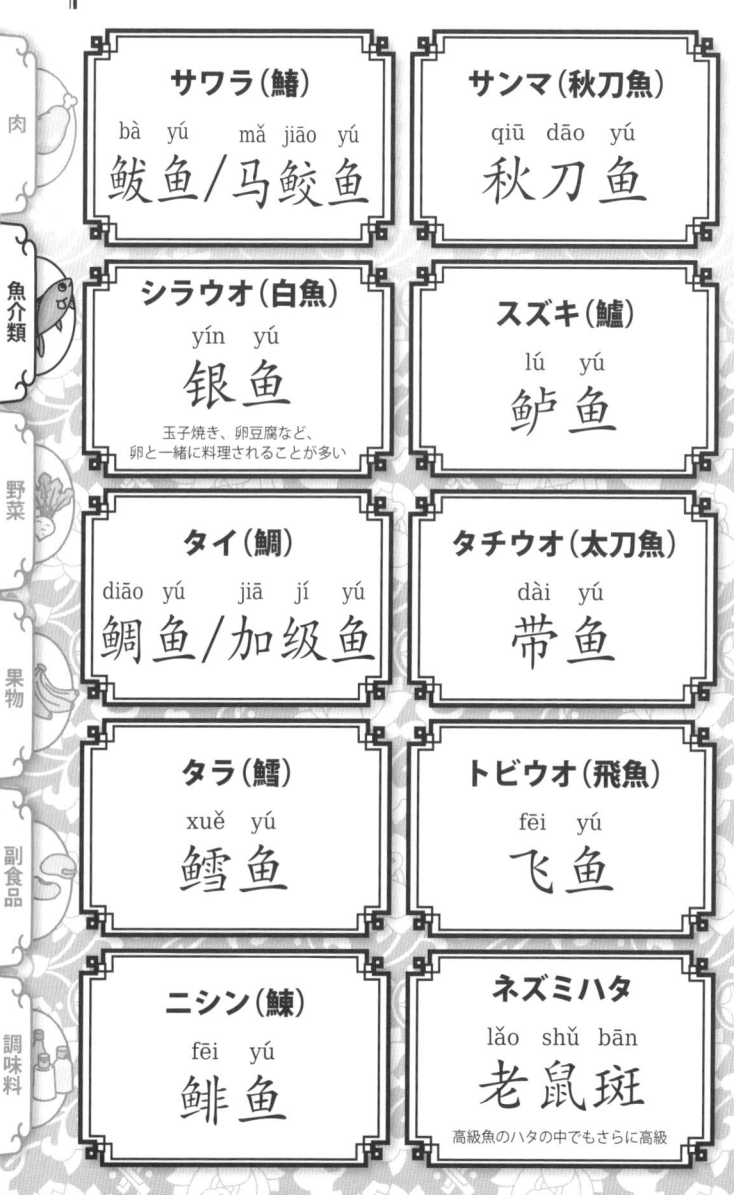

サワラ（鰆）
bà yú / mǎ jiāo yú
鲅鱼 / 马鲛鱼

サンマ（秋刀魚）
qiū dāo yú
秋刀鱼

シラウオ（白魚）
yín yú
银鱼
玉子焼き、卵豆腐など、卵と一緒に料理されることが多い

スズキ（鱸）
lú yú
鲈鱼

タイ（鯛）
diāo yú / jiā jí yú
鲷鱼 / 加级鱼

タチウオ（太刀魚）
dài yú
带鱼

タラ（鱈）
xuě yú
鳕鱼

トビウオ（飛魚）
fēi yú
飞鱼

ニシン（鰊）
fēi yú
鲱鱼

ネズミハタ
lǎo shǔ bān
老鼠斑
高級魚のハタの中でもさらに高級

魚介類 — 海鮮

ハタ
shí bān yú
石斑鱼

ハモ(鱧)
hǎi mán
海鳗

ヒラメ(鮃)
bǐ mù yú / píng yú
比目鱼/平鱼

フウセイ
dà huáng yú
大黄鱼

イシモチの仲間

フグ(河豚)
hé tún
河豚

マグロ(鮪)
jīn qiāng yú / tūn ná yú
金枪鱼/吞拿鱼

"ツナ"の音訳

マナガツオ(真名鰹)
chāng yú
鲳鱼

メカジキ
jiàn yú
剑鱼

MEMO

魚介類 — 淡水魚

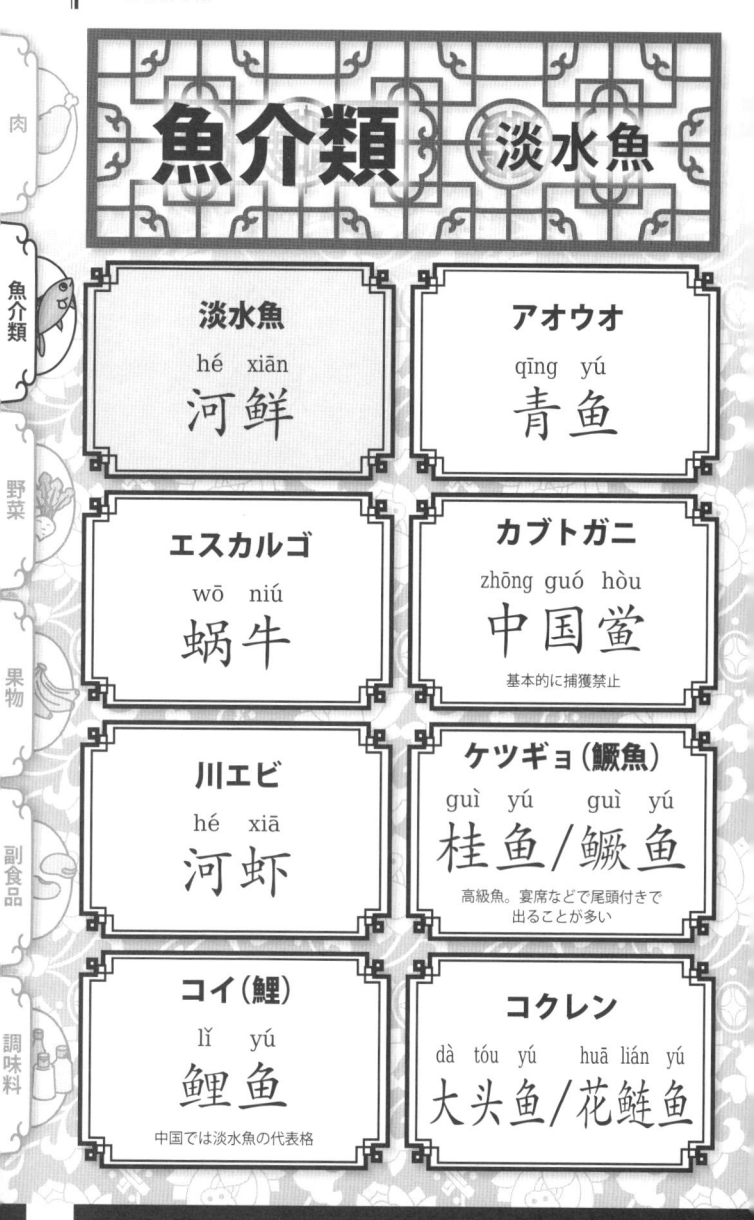

淡水魚
hé xiān
河鲜

アオウオ
qīng yú
青鱼

エスカルゴ
wō niú
蜗牛

カブトガニ
zhōng guó hòu
中国鲎

基本的に捕獲禁止

川エビ
hé xiā
河虾

ケツギョ（鳜魚）
guì yú   guì yú
桂鱼 / 鳜鱼

高級魚。宴席などで尾頭付きで出ることが多い

コイ（鯉）
lǐ yú
鲤鱼

中国では淡水魚の代表格

コクレン
dà tóu yú   huā lián yú
大头鱼 / 花鲢鱼

魚介類 – 淡水魚

サケ(鮭)

mǎ hǎ/hā yú　sān wén yú　guī yú
马哈鱼/三文鱼/鲑鱼

"サーモン"の音訳

ザリガニ

xiǎo lóng xiā
小龙虾

上海ガニ

dà zhá xiè
大闸蟹

食用ガエル

tián jī
田鸡

スッポン(鼈)

jiǎ yú　biē
甲鱼/鳖

ソウギョ(草魚)

huàn yú　cǎo yú
鲩鱼/草鱼

タウナギ

shàn yú　huáng shàn
鳝鱼/黄鳝

タニシ

tián luó　huáng ní luó
田螺/黄泥螺

殻がごく薄いタニシの仲間。
寧波の名産で、
老酒漬けにして食べる

ナマズ(鯰)

nián yú
鲶鱼

ハクレン

bái lián　lián yú
白鲢/鲢鱼

ヒラウオ

biān yú

鳊鱼

名前の通り平たい形をしている。
コイより美味とされる

ヒラコノシロ

shí yú

鲥鱼

晩春〜初夏に揚子江で獲れる
高級魚。ウロコごと食べる

フナ（鲋）

jì yú

鲫鱼

マス

zūn yú

鳟鱼

ワカサギ（公魚）

gōng yú

公鱼

MEMO

MEMO

魚介類 — 甲殻類・海草

魚介類 — 甲殻類・海草

イセエビ（伊勢海老）
lóng xiā
龙虾

エビ（海老）
xiā
虾

カニ（蟹）
páng xiè
螃蟹

車エビ
duì xiā　míng xiā
对虾/明虾

毛ガニ
máo xiè
毛蟹

淡水に生息するモクズガニを指すこともある

ザリガニ
xiǎo lóng xiā
小龙虾

上海ガニ
dà zhá xiè
大闸蟹

シャコ（蝦蛄）
fù guì xiā　lài niào xiā
富贵虾/赖尿虾

2 素材別単語

魚介類

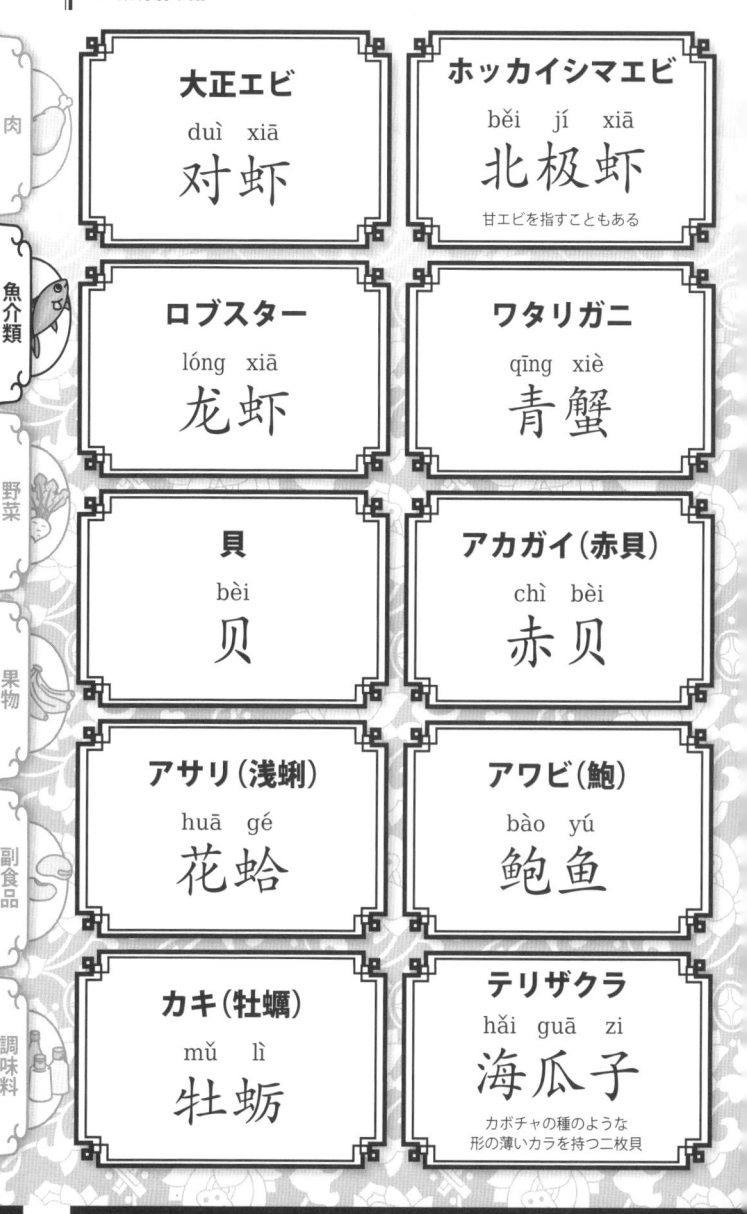

大正エビ
duì xiā
对虾

ホッカイシマエビ
běi jí xiā
北极虾

甘エビを指すこともある

ロブスター
lóng xiā
龙虾

ワタリガニ
qīng xiè
青蟹

貝
bèi
贝

アカガイ（赤貝）
chì bèi
赤贝

アサリ（浅蜊）
huā gé
花蛤

アワビ（鮑）
bào yú
鲍鱼

カキ（牡蠣）
mǔ lì
牡蛎

テリザクラ
hǎi guā zi
海瓜子

カボチャの種のような
形の薄いカラを持つ二枚貝

60

魚介類 - 甲殻類・海草

バカガイ
gé lí
蛤蜊
ハマグリ、アサリもこう読んだりするので、三者にあまり明確な区別はない様子

ハマグリ(蛤)
wén gé
文蛤

ホタテガイ(帆立貝)
shàn bèi
扇贝

マテガイ(馬刀貝)
chēng zi
蛏子

ミル貝
xiàng bá bàng
象拔蚌

ムール貝
yí bèi
贻贝

ウニ(雲丹)
hǎi dǎn
海胆

クラゲ(水母)
hǎi zhé
海蜇

コウイカ
mò yú   huā zhī
墨鱼/花枝

スルメイカ
yóu yú
鱿鱼

2 素材別単語

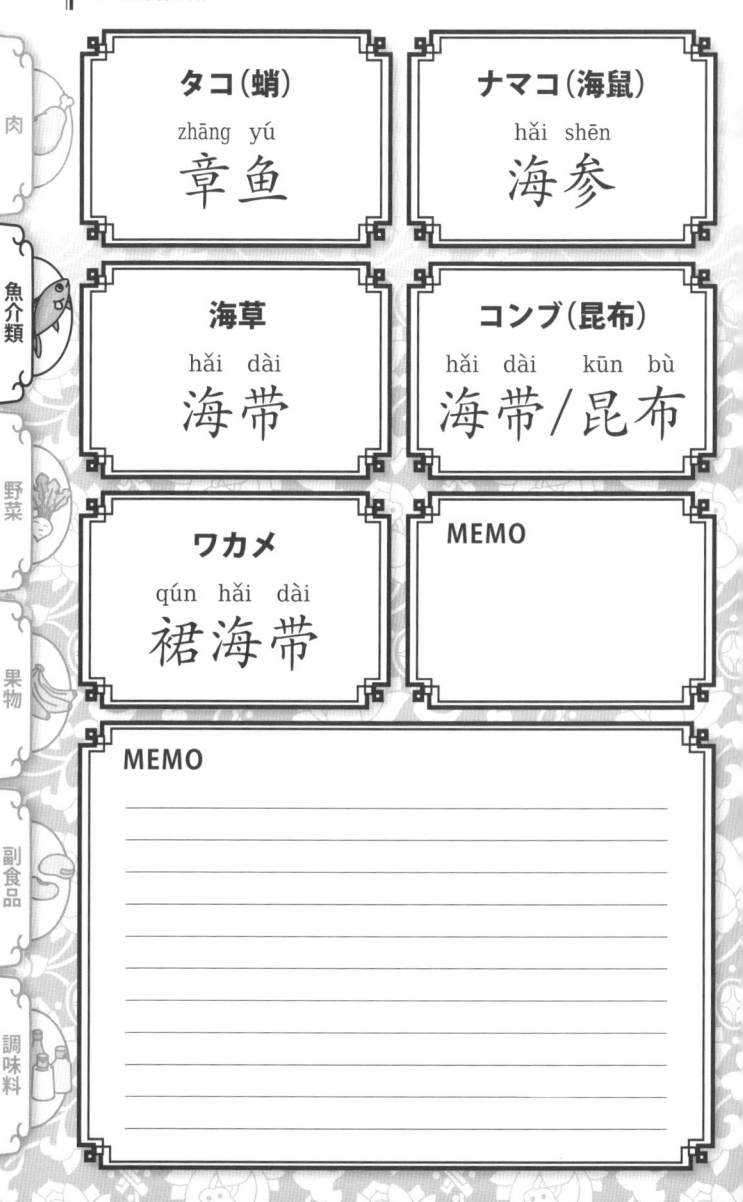

タコ（蛸）
zhāng yú
章鱼

ナマコ（海鼠）
hǎi shēn
海参

海草
hǎi dài
海带

コンブ（昆布）
hǎi dài　kūn bù
海带/昆布

ワカメ
qún hǎi dài
裙海带

MEMO

MEMO

魚介類 - 加工品

イクラ
guī yú
鲑鱼

エビの卵
xiā zi
虾子

シュウマイのトッピングなど、色どりによく使われる

カニかまぼこ
xiè liǔ
蟹柳

カニの白子
xiè gāo
蟹膏

カニ味噌
xiè huáng
蟹黄

カラスミ
wū yú zi
乌鱼子

キャビア
hēi yú zi
黑鱼子

コウイカの卵
wū yú dàn
乌鱼蛋

正確には卵を包む器官。山東料理で胡椒たっぷりのスープに使われる

2 素材別単語

魚のつみれ
yú wán
鱼丸

塩漬け魚
xián yú
咸鱼

スルメ
yóu yú gān
鱿鱼干

トビコ
fēi yú zi
飞鱼子

むきエビ
xiā rén
虾仁

MEMO

MEMO

魚介類 — 部位

頭	浮き袋
yú tóu 鱼头	yú dù 鱼肚

尾	下あご
shuǎi shuǐ / huà shuǐ 甩水/划水	xià bā 下巴

MEMO

野菜 葉物

野菜
shū cài
蔬菜

A菜
ēi cài　yóu mài cài
A菜／油麦菜
炒 湯 煮 拌 生 漬

アブラナ（油菜）
yóu cài
油菜
炒 湯 煮 拌 生 漬

アロエ
lú huì
芦荟
炒 湯 煮 拌 生 漬

カイラン（芥蘭）
jiè lán
芥蓝
炒 湯 煮 拌 生 漬

キャベツ
yáng bái cài　juǎn xīn cài
洋白菜／卷心菜／
gān lán cài　gāo lì cài
甘蓝菜／高丽菜
炒 湯 煮 拌 生 漬

クウシンサイ（空芯菜）
kōng xīn cài
空心菜
炒 湯 煮 拌 生 漬

クレソン
xī yáng cài
西洋菜
炒 湯 煮 拌 生 漬
広東料理ではスープや炒め物に
たっぷり使う

炒=炒める、焼く、揚げる　煮=ゆでる、煮込む　生=生食　拌=和え物　漬=漬物　湯=スープ

※アイコンについては欄外下参照

野菜－葉物

コウサイタイ（紅菜苔）
hóng cài tái 炒 湯 煮 拌 生 漬
红菜薹

コヨメナ
mǎ lán tóu 炒 湯 煮 拌 生 漬
马兰头

ジーマオツァイ
jī máo cài 炒 湯 煮 拌 生 漬
鸡毛菜

チンゲンサイの若芽。
江南地方特有

シュンギク（春菊）
péng hāo cài　　tóng hāo cài 炒 湯 煮 拌 生 漬
蓬蒿菜／茼蒿菜

ジュンサイ（蓴菜）
chún cài 炒 湯 煮 拌 生 漬
莼菜

シロツメグサ
cǎo tóu 炒 湯 煮 拌 生 漬
草头

セリ（芹）
shuǐ qín 炒 湯 煮 拌 生 漬
水芹

セリホン
xuě lǐ hóng　　xuě cài 炒 湯 煮 拌 生 漬
雪里蕻／雪菜

カラシナに似た葉物野菜。
主に漬物用

ターサイ
tā cài 炒 湯 煮 拌 生 漬
塌菜

タカナ（高菜）
dà jiè cài 炒 湯 煮 拌 生 漬
大芥菜

2 素材別単語

チコリ
jú jù
菊苣
[炒][湯][煮][拌][生][漬]

チンゲンサイ
qīng cài　cài xīn
青菜 / 菜心
[炒][湯][煮][拌][生][漬]

青菜の中心部分を指す

ツルムラサキ
luò kuí
落葵
[炒][湯][煮][拌][生][漬]

トウミョウ（豆苗）
dòu miáo
豆苗
[炒][湯][煮][拌][生][漬]

畑で育てた大豆苗が美味

ナズナ（薺）
jì cài
荠菜
[炒][湯][煮][拌][生][漬]

江南地方のワンタンに使われる

ハクサイ（白菜）
bái cài
白菜
[炒][湯][煮][拌][生][漬]

北方のものは細長く水分が少ない

パクチョイ
xiǎo bái cài
小白菜
[炒][湯][煮][拌][生][漬]

チンゲン菜に似ているが全くの別物

ヒユ
xiàn cài　mǐ xī
苋菜 / 米西
[炒][湯][煮][拌][生][漬]

主にニンニクと塩味炒めにされる

ベビー白菜
wá wá cài
娃娃菜
[炒][湯][煮][拌][生][漬]

ホウレン草（菠薐草）
bō cài
菠菜
[炒][湯][煮][拌][生][漬]

炒=炒める、焼く、揚げる　煮=ゆでる、煮込む　生=生食　拌=和え物　漬=漬物　湯=スープ

野菜-葉物

レタス
shēng cài
生菜

炒 湯
煮 拌
生 漬

MEMO

MEMO

野菜 — 根菜・茎菜

コウシンダイコン（紅芯大根）
xīn lǐ měi
心里美
皮がグリーンで、中身は美しい赤
炒 湯 煮 拌 生 漬

ザーサイ
zhà cài
榨菜
夏の旬には生で和え物も作られる
炒 湯 煮 拌 生 漬

ジャガイモ
tǔ dòu / mǎ líng shǔ
土豆 / 马铃薯
炒 湯 煮 拌 生 漬

マコモ
jiāo bái
茭白
炒 湯 煮 拌 生 漬

ニンジン（人参）
hú luó bo / hóng luó bo
胡萝卜 / 红萝卜
炒 湯 煮 拌 生 漬

レンコン（蓮根）
ǒu
藕
炒 湯 煮 拌 生 漬

アスパラガス
lǔ sǔn
芦笋
炒 湯 煮 拌 生 漬

黒クワイ
bí qí / dì lì / mǎ tí
荸荠 / 地栗 / 马蹄
炒 湯 煮 拌 生 漬

炒=炒める、焼く、揚げる　煮=ゆでる、煮込む　生=生食　拌=和え物　漬=漬物　湯=スープ

野菜－根菜・茎菜

※アイコンについては欄外下参照

クワイ
cí gū
慈姑
炒 湯 煮 拌 生 漬

コンニャク
mó yù
魔芋
炒 湯 煮 拌 生 漬

サツマイモ
bái shǔ / shān yù / gān shǔ
白薯/山芋/甘薯
炒 湯 煮 拌 生 漬

サトイモ(里芋)
yù nǎi / yù tóu
芋艿/芋头
炒 湯 煮 拌 生 漬

セロリ
xī qín
西芹
炒 湯 煮 拌 生 漬

ダイコン(大根)
luó bo
萝卜
炒 湯 煮 拌 生 漬

タケノコ
sǔn / máo zhú / dōng sǔn
笋/毛竹/冬笋
炒 湯 煮 拌 生 漬

タマネギ(玉葱)
yáng cōng / cōng tóu
洋葱/葱头
炒 湯 煮 拌 生 漬

チシャトウ
wō sǔn
莴笋
炒 湯 煮 拌 生 漬

中国セロリ
qín cài
芹菜
炒 湯 煮 拌 生 漬

普通のセロリより細く香りが強い

2 素材別単語

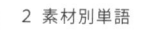

チョロギ
gān lù cài　cǎo shí dàn　[炒][湯]
甘露菜/草石蛋　[煮][拌]
　[生][漬]

ニラ（韮）
jiǔ cài　[炒][湯]
韭菜　[煮][拌]
　[生][漬]

ニンニクの芽
suàn miáo　[炒][湯]
蒜苗　[煮][拌]
　[生][漬]

花ニラ
jiǔ huā　[炒][湯]
韭花　[煮][拌]
　[生][漬]

ビーツ
tián cài tóu　[炒][湯]
甜菜头　[煮][拌]
　[生][漬]

ピーナッツ
huā shēng　[炒][湯]
花生　[煮][拌]
　[生][漬]

生の塩茹でが前菜に使われる

ヤツガシラ（八つ頭）
yù tóu　[炒][湯]
芋头　[煮][拌]
　[生][漬]

ヤマイモ（山芋）
shān yào　[炒][湯]
山药　[煮][拌]
　[生][漬]

ユリ根（百合根）
bǎi hé gēn　[炒][湯]
百合根　[煮][拌]
　[生][漬]

黄ニラ
jiǔ huáng　[炒][湯]
韭黄　[煮][拌]
　[生][漬]

炒＝炒める、焼く、揚げる　煮＝ゆでる、煮込む　生＝生食　拌＝和え物　漬＝漬物　湯＝スープ

野菜－果菜・花菜

野菜

果菜・花菜

赤ピーマン
hóng jiāo
红椒
炒 湯 煮 拌 生 漬

アズキ（小豆）
hóng dòu
红豆
炒 湯 煮 拌 生 漬

インゲン（隠元）
biǎn dòu dòu jiǎo
扁豆/豆角/
sì jì dòu
四季豆
炒 湯 煮 拌 生 漬

インゲン豆（隠元豆）
yún dòu
芸豆
炒 湯 煮 拌 生 漬

エダマメ（枝豆）
máo dòu
毛豆
炒 湯 煮 拌 生 漬

オクラ
yáng jiǎo cài qiū kuí
羊角菜/秋葵
炒 湯 煮 拌 生 漬

カボチャ（南瓜）
nán guā
南瓜
炒 湯 煮 拌 生 漬

カリフラワー
huā cài
花菜
炒 湯 煮 拌 生 漬

73

2 素材別単語

キュウリ(胡瓜)
huáng guā
黄瓜

キンシウリ(金糸瓜)
jīn sī guā
金丝瓜

キンシンサイ(金針菜)
jīn zhēn cài　huáng huā cài
金针菜/黄花菜

ギンナン(銀杏)
yín xìng
银杏

グリーンピース
qīng dòu
青豆

ササゲ(大角豆)
jiāng dòu　cháng jiāng dòu
豇豆/长豇豆

サヤエンドウ(荚豌豆)
wān dòu　hé lán dòu
豌豆/荷兰豆

シカクマメ(四角豆)
lóng dòu　sì jiǎo dòu
龙豆/四角豆

ズッキーニ
xī hú lú
西葫芦

ソラマメ(空豆)
cán dòu
蚕豆

炒=炒める、焼く、揚げる 煮=ゆでる、煮込む 生=生食 拌=和え物 渍=漬物 湯=スープ

野菜－果菜・花菜

中国オリーブ
gǎn lǎn
橄榄

トウガン(冬瓜)
dōng guā
冬瓜

トウモロコシ
yù mǐ　　sù mǐ
玉米/粟米

トマト
xī hóng shì　　fān qié
西红柿/番茄

ナス(茄子)
qié zi
茄子

ナタマメ(鉈豆)
dāo dòu
刀豆

ニガウリ(苦瓜)
kǔ guā
苦瓜

ピーマン
qīng jiāo
青椒

ヒシの実(菱の実)
líng jiǎo
菱角

ブロッコリー
xī lán huā
西兰花

2 素材別単語

ヘチマ（糸瓜）
sī guā
丝瓜

リョクトウ（緑豆）
lù dòu
绿豆

MEMO

野菜 きのこ・もやし

きのこ
mó gū
蘑菇

エノキダケ
jīn zhēn gū
金针菇
炒 湯 煮 拌 生 漬

キクラゲ（木耳）
mù ěr
木耳
炒 湯 煮 拌 生 漬

キヌガサダケ（衣笠茸）
zhú shēng
竹笙
炒 湯 煮 拌 生 漬

しいたけ（椎茸）
xiāng gū
香菇
炒 湯 煮 拌 生 漬

白キクラゲ（白木耳）
yín ěr bái mù ěr
银耳/白木耳
炒 湯 煮 拌 生 漬

トリュフ（松露）
sōng lù
松露
炒 湯 煮 拌 生 漬

ドンコ
dōng gū huā gū
冬菇/花菇
炒 湯 煮 拌 生 漬

2 素材別単語

フクロダケ（袋茸）
cǎo gū
草菇
炒 湯 煮 拌 生 漬

マッシュルーム
mó gū
蘑菇
炒 湯 煮 拌 生 漬

マツタケ（松茸）
sōng róng
松茸
炒 湯 煮 拌 生

ヤマブシタケ（山伏茸）
hóu tóu gū
猴头菇
炒 湯 煮 拌 生

もやし
dòu yá / yín yá
豆芽/银芽
炒 湯 煮 拌 生

右はひげ根を取ったものを指す

大豆モヤシ
huáng dòu yá
黄豆芽
炒 湯 煮 拌 漬

MEMO

炒＝炒める、焼く、揚げる　煮＝ゆでる、煮込む　生＝生食　拌＝和え物　漬＝漬物　湯＝スープ

野菜－穀類

穀類 gǔ lèi 谷类	赤米 hóng mǐ 红米
アワ xiǎo mǐ 小米	うるち米 jīng mǐ 粳米
大麦 dà mài 大麦	黒米 hēi mǐ 黑米
黒もち米 xiě nuò mǐ 血糯米	玄米 cāo mǐ 糙米

2 素材別単語

コウリャン	小麦
gāo liáng	xiǎo mài
高粱	小麦

米	ソバ
dà mǐ	qiáo mài
大米	荞麦

トウモロコシ	ハトムギ
yù mǐ	yì mǐ
玉米	薏米

モチキビ	もち米
huáng mǐ	jiāng mǐ / nuò mǐ
黄米	江米/糯米

ライ麦	MEMO
luǒ mài	
裸麦	

野菜 — 香味野菜・スパイス

ウイキョウ
huí xiāng
茴香

カラシ（辛子）
jiè mo
芥末

ワサビをこう呼ぶ中国人も多い

カルダモン
xiǎo dòu kòu
小豆蔻

カンゾウ（甘草）
gān cǎo
甘草

クコ（枸杞）
gǒu qǐ
枸杞

クミン
zī rán
孜然

ウイグル料理によく使われる

クローブ
dīng xiāng
丁香

コショウ（胡椒）
hú jiāo
胡椒

2 素材別単語

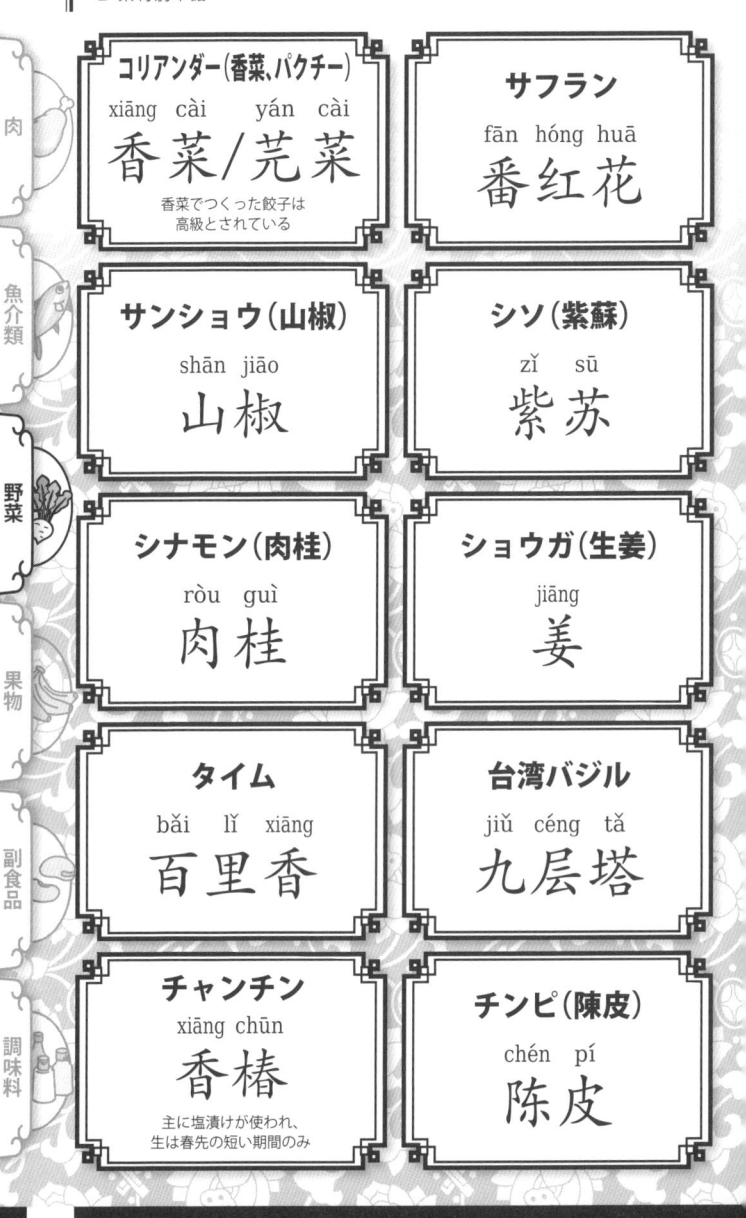

コリアンダー(香菜、パクチー)
xiāng cài / yán cài
香菜/芫菜
香菜でつくった餃子は高級とされている

サフラン
fān hóng huā
番红花

サンショウ(山椒)
shān jiāo
山椒

シソ(紫蘇)
zǐ sū
紫苏

シナモン(肉桂)
ròu guì
肉桂

ショウガ(生姜)
jiāng
姜

タイム
bǎi lǐ xiāng
百里香

台湾バジル
jiǔ céng tǎ
九层塔

チャンチン
xiāng chūn
香椿
主に塩漬けが使われ、生は春先の短い期間のみ

チンピ(陳皮)
chén pí
陈皮

野菜―香味野菜

トウガラシ(唐辛子)	ナツメグ
là jiāo 辣椒	ròu dòu kòu 肉豆蔻

ニンニク(大蒜)	ネギ(葱)
dà suàn　suàn tóu 大蒜/蒜头	dà cōng 大葱

ハーブ	バジル
xiāng cǎo 香草	luó lè 罗勒

パセリ	ハッカク(八角)
hé lán qín　bà xī lǐ 荷兰芹/巴西里	dà liào　bā jiǎo 大料/八角

花サンショウ(花山椒)	ミント
huā jiāo 花椒	bó hé 薄荷

2 素材別単語

ローズマリー

mí dí xiāng
迷迭香

ローリエ(月桂樹)

yuè guì yè
月桂叶

ワサビ(山葵)

là gēn   shàn kuí
辣根/山葵

小ネギ(小葱)

xiǎo cōng
小葱

MEMO

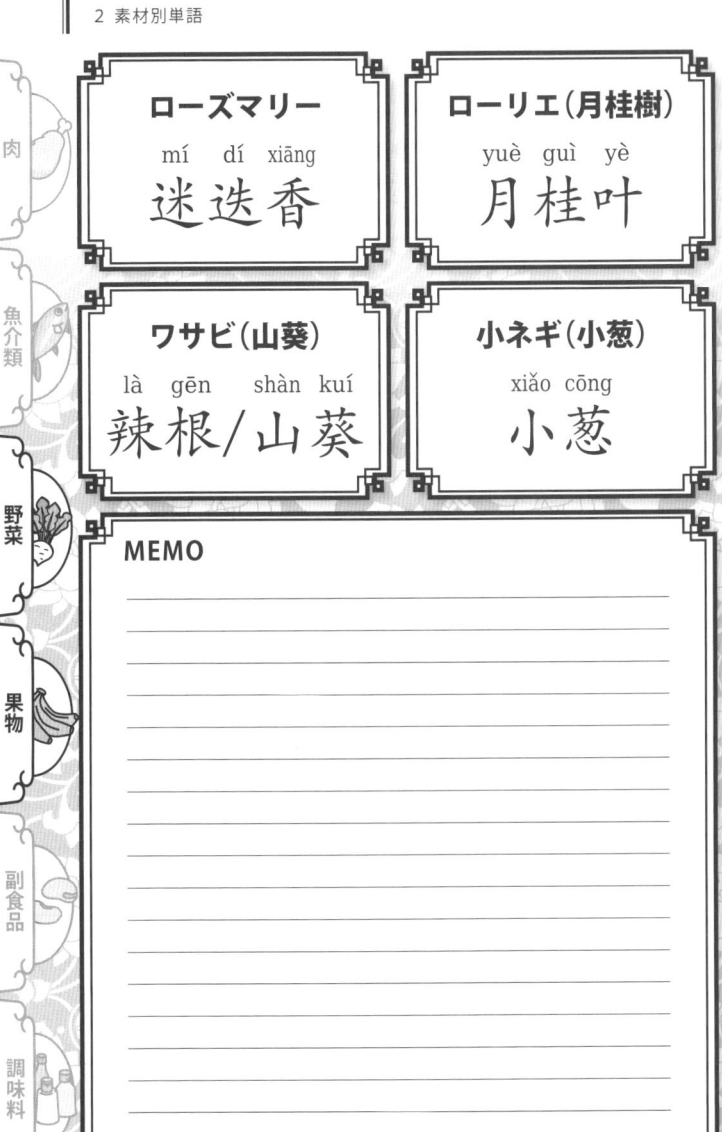

果物

果物	アボカド
shuǐ guǒ 水果	è lí / lào lí 鳄梨/酪梨

アンズ	イチゴ
xìng zi 杏子	cǎo méi 草莓

イチジク	ウメ
wú huā guǒ 无花果	méi zi 梅子

オレンジ	カイドウ
chéng zi / liǔ chéng 橙子/柳橙	hǎi táng 海棠

2 素材別単語

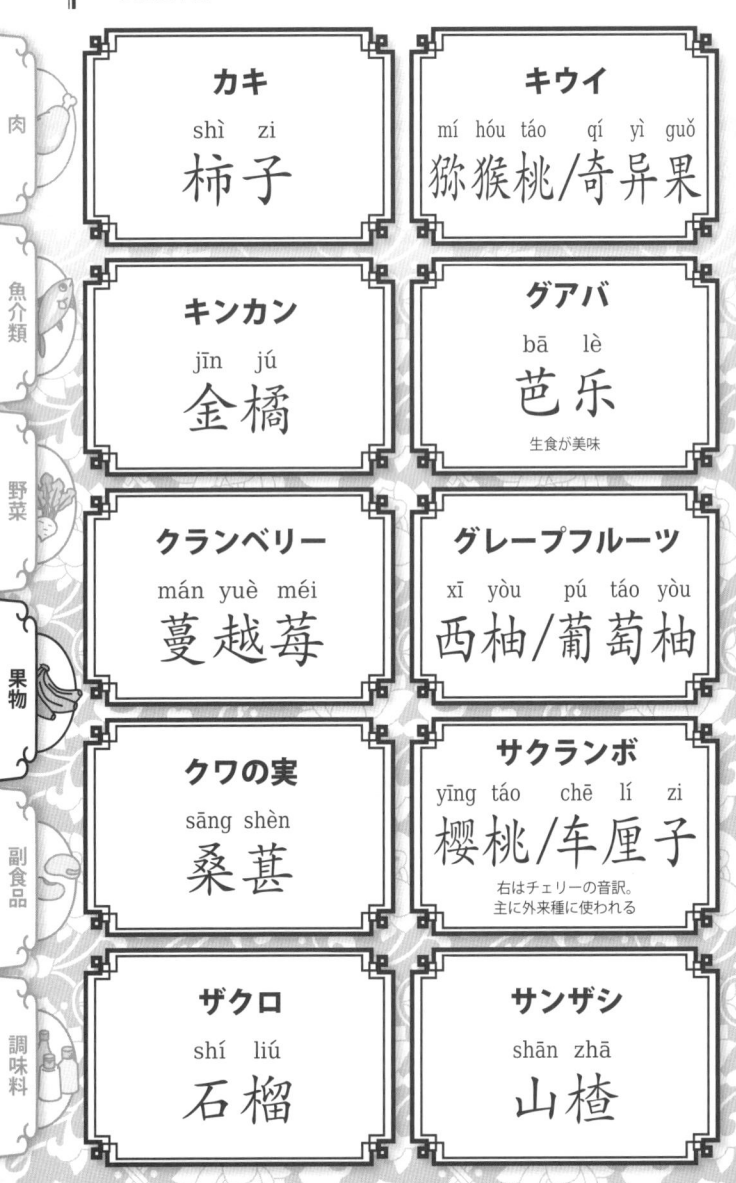

カキ shì zi 柿子	キウイ mí hóu táo / qí yì guǒ 猕猴桃/奇异果
キンカン jīn jú 金橘	グアバ bā lè 芭乐 生食が美味
クランベリー mán yuè méi 蔓越莓	グレープフルーツ xī yòu / pú táo yòu 西柚/葡萄柚
クワの実 sāng shèn 桑葚	サクランボ yīng táo / chē lí zi 樱桃/车厘子 右はチェリーの音訳。主に外来種に使われる
ザクロ shí liú 石榴	サンザシ shān zhā 山楂

果物

食用ホオズキ	ジャックフルーツ
xiāng gū niáng	huǒ lóng guǒ
香姑娘	火龙果

スイカ	スターフルーツ
xī guā	yáng táo
西瓜	杨桃

スモモ	ナシ
lǐ	lí
李	梨

ナツメ	ネーブルオレンジ
zǎo zi	qí chéng
枣子	脐橙

ネクタリン	パイナップル
yóu táo	bō luó
油桃	菠萝

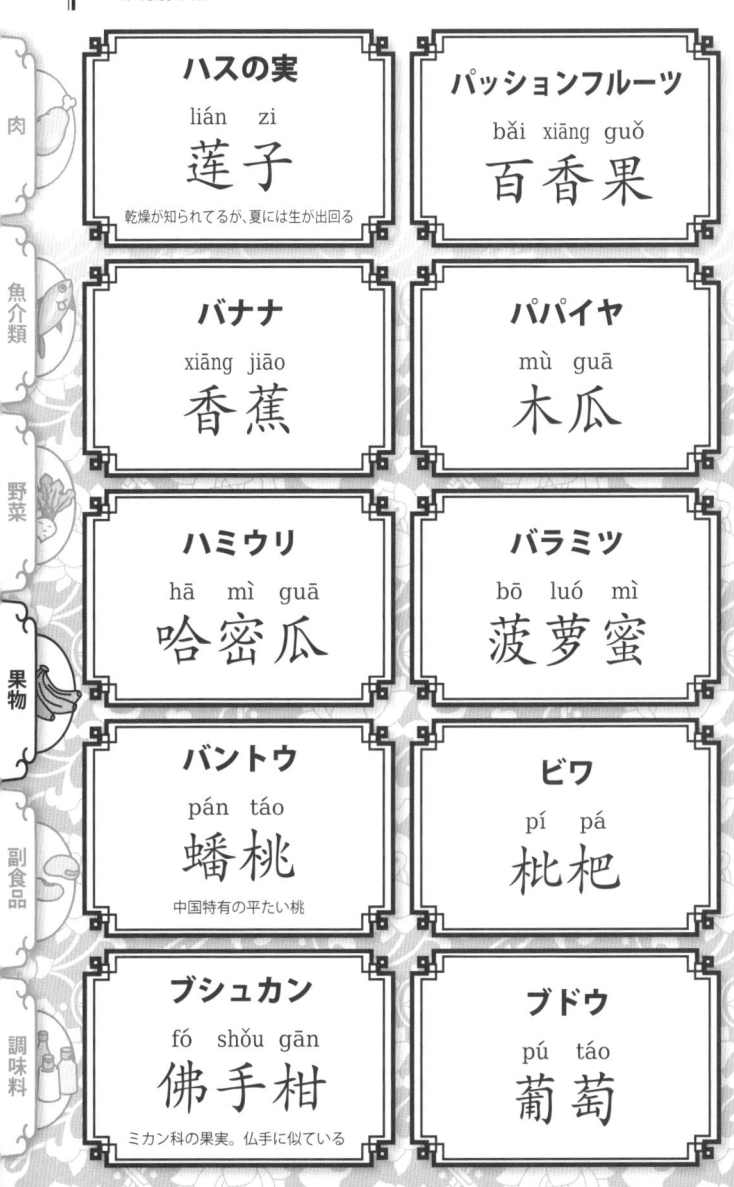

ハスの実
lián zi
蓮子
乾燥が知られてるが、夏には生が出回る

パッションフルーツ
bǎi xiāng guǒ
百香果

バナナ
xiāng jiāo
香蕉

パパイヤ
mù guā
木瓜

ハミウリ
hā mì guā
哈密瓜

バラミツ
bō luó mì
菠萝蜜

バントウ
pán táo
蟠桃
中国特有の平たい桃

ビワ
pí pá
枇杷

ブシュカン
fó shǒu gān
佛手柑
ミカン科の果実。仏手に似ている

ブドウ
pú táo
葡萄

果物

ブラックカラント	ブルーベリー
hēi jiā lún 黑加仑	lán méi 蓝莓

ブンタン / ボンタン	マンゴー
yòu zi 柚子	máng guǒ 芒果

マンゴスチン	ミカン
shān zhú 山竹	jú zi 橘子

メロン	モモ
mì guā 蜜瓜	táo zi 桃子

ヤシの実	ヤマモモ
yē zi 椰子	yáng méi 杨梅

2 素材別単語

洋ナシ
xuě lí
雪梨

ライチ
lì zhī
荔枝

ライム
qīng níng méng
青柠檬

ラズベリー
mù méi / fù pén zi
木莓/覆盆子

フランボワーズの音訳

ランブータン
hóng máo dān
红毛丹

リュウガン
lóng yǎn / guì yuán
龙眼/桂圆

リンゴ
píng guǒ
苹果

レモン
níng méng
柠檬

レンブ
lián wù
莲雾

台湾でよく食べられる
トロピカルフルーツ

MEMO

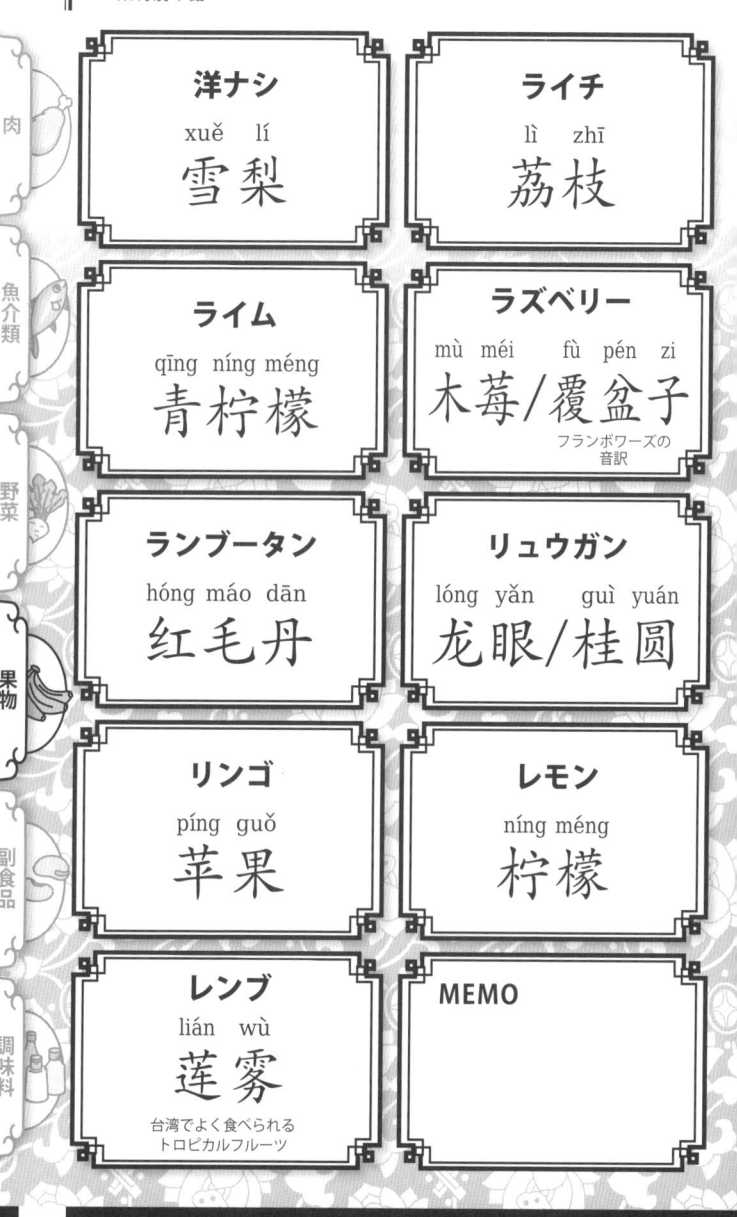

果物 － ナッツ

果物　ナッツ

アーモンド
biǎn táo　xìng rén
扁桃/杏仁

アンズの種
xìng rén
杏仁

北方アンズの種
běi xìng
北杏
苦味がある

南方アンズの種
nán xìng
南杏
甘みがある

カシューナッツ
yāo guǒ
腰果

カボチャの種
nán guā zi
南瓜子

ギンナン
yín xìng　bái guǒ
银杏/白果

栗
lì zi　bǎn lì
栗子/板栗
中国在来種の
小ぶりな栗

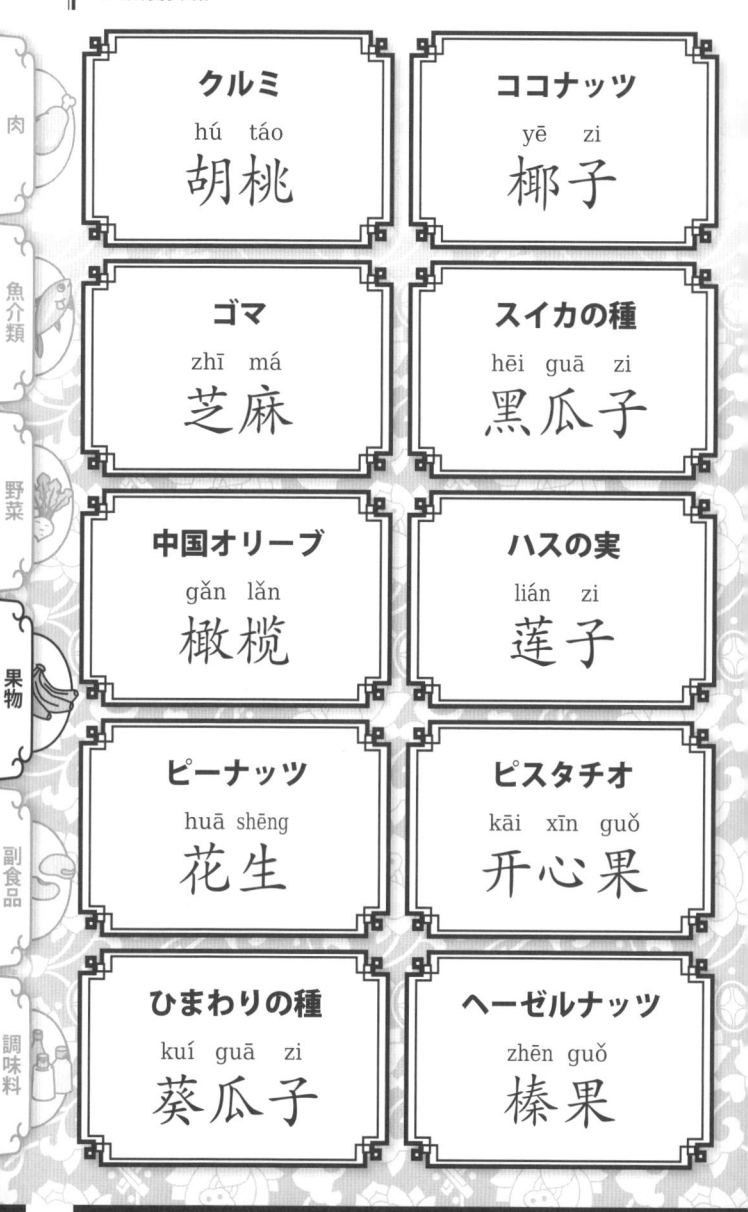

クルミ	hú táo	胡桃
ココナッツ	yē zi	椰子
ゴマ	zhī má	芝麻
スイカの種	hēi guā zi	黑瓜子
中国オリーブ	gǎn lǎn	橄榄
ハスの実	lián zi	莲子
ピーナッツ	huā shēng	花生
ピスタチオ	kāi xīn guǒ	开心果
ひまわりの種	kuí guā zi	葵瓜子
ヘーゼルナッツ	zhēn guǒ	榛果

果物－ナッツ

干しぶどう
pú táo gān
葡萄干

干しデーツ
mì zǎo
蜜枣

松の実
sōng zi
松子

MEMO

MEMO

副食品 豆製品

豆製品
dòu zhì pǐn
豆制品

あずきあん
dòu shā
豆沙

厚揚げ
yóu dòu fu
油豆腐

薄い押し豆腐
bǎi yè / dòu fu pí
百页/豆腐皮

押し豆腐
dòu fu gān
豆腐干
豆腐に重しをして堅く水気を絞ったもの

押し豆腐の細切り
gān sī
干丝

おぼろ豆腐
dòu fu nǎo / dòu fu huā
豆腐脑/豆花
主に北方での呼び名　主に南方での呼び名

きなこ
huáng dòu fěn
黄豆粉

副食品－豆製品

牛乳入り豆乳
dòu nǎi
豆奶

凍り豆腐
dòng dòu fu
冻豆腐

豆乳
dòu jiāng
豆浆

豆腐
dòu fu
豆腐

南方の豆腐
nán dòu fu　nèn dòu fu
南豆腐/嫩豆腐

石膏で固めてつくられる。
北方の豆腐より柔らかい

発酵豆腐
chòu dòu fu
臭豆腐

青カビを生やす。揚げて
唐辛子味噌をつけるのが一般的

発酵緑豆汁
dòu zhī
豆汁

北方で朝食に飲まれる。匂いが強く
好き嫌いが分かれる

春雨
fěn sī
粉丝

緑豆でつくられたものが多いが、
じゃがいもでんぷんで作る地方もある

腐乳
fǔ rǔ　chòu dòu fu
腐乳/臭豆腐

豆腐を角切りにし、濃い食塩水の
中で発酵させたもの

腐乳のハマナス風味
méi guī fǔ rǔ
玫瑰腐乳

紅麹に漬けたものにハマナスの花で
香りづけしたもの。江南地方独特の製法。

95

2 素材別単語

腐乳の紅麹漬け
nán rǔ
南乳
一般的な腐乳よりも甘い

棒状の乾燥湯葉
fǔ zhú
腐竹

北方の豆腐
běi dòu fu / lǎo dòu fu
北豆腐/老豆腐
にがりで固めてつくる。
南の豆腐よりも固い

湯葉
dòu pí / fǔ pí
豆皮/腐皮

緑豆あん
lǜ dòu shā
绿豆沙

緑豆の絞りかす
má dòu fu
麻豆腐
豆汁の絞りかすを発酵させたもの。
北方で食べられる

緑豆の麺
liáng pí / fěn pí
凉皮/粉皮
緑豆でんぷんを
固めて麺状に削ったもの

MEMO

MEMO

副食品 — 麺類・粉物

副食品 麺類・粉物

オブラート
wēi huà zhǐ
威化纸
料理用の大きいもの。
紙包み焼きのように使う

片栗粉
shēng fěn　diàn fěn
生粉/淀粉

乾麺
guà miàn
挂面

強力粉
gāo jīn miàn fěn　　fù qiáng fěn
高筋面粉/富强粉

小麦粉
miàn fěn
面粉

上新粉
mǐ fěn
米粉

白玉粉
nuò mǐ fěn
糯米粉

そば粉のソバ
qiáo mài miàn
荞麦面
内陸部など、土地が痩せたところで
食べられている

97

2 素材別単語

タピオカ
xī mǐ
西米

手延べ麺
lā miàn
拉面

とうもろこし粉
yù mǐ fěn
玉米粉

生麩
miàn jīn
面筋

日本のうどん
wū dōng miàn
乌冬面

"うどん"の音訳

薄力粉
dī jīn miàn fěn
低筋面粉

パスタ
yì dà lì miàn
意大利面

発酵小麦グルテン
kǎo fū
烤麸

生麩を発酵させ、蒸したもの

発酵用タネ
lǎo miàn
老面

饅頭などに使った生地を少量残し、次回の発酵用に使う

幅広ビーフン
hé fěn
河粉

広東地方など南方でよく食べられる

副食品 — 麺類・粉物

ビーフン
mǐ fěn
米粉

マカロニ
tōng xīn miàn
通心面

餅
nián gāo
年糕
もち米粉を練って蒸したものと、日本の餅と同じ作り方のものの2種類がある。江蘇省常熟が有名

小麦グルテンの油揚げ
yóu miàn jīn
油面筋
生麩を丸く成形して油で揚げたもの

MEMO

副食品 乾物・保存食品

乾物 gān huò 干货	アキレス腱 tí jīn 蹄筋
エビせん xiā piàn 虾片	エビの卵 xiā zi 虾子
カエルの卵管 xuě há 雪蛤 乾燥品。もどして デザートなどに使う。高級品	乾燥イガイ dàn cài 淡菜
寒天 qióng zhī 琼脂 中国の寒天はおおむね糸寒天	きくらげ mù ěr 木耳

副食品 ― 乾物・保存食品

金華ハム
jīn huá huǒ tuǐ
金华火腿

キンシンサイ
jīn zhēn cài　huáng huā cài
金针菜/黄花菜
生も売られているが乾燥品が一般的

クラゲ
hǎi zhé
海蜇

昆布
hǎi dài　kūn bù
海带/昆布

魚の浮き袋
yú dù
鱼肚
乾燥品を戻してスープなどに使う

魚のくちびる
yú chún
鱼唇
サメなどの大型魚の唇の乾燥品

サメの皮
yú pí
鱼皮

塩漬け魚
xián yú
咸鱼
広東料理に多く使われる

塩漬け菜
dōng cài
冬菜
葉物の塩漬けを発酵させたもの

塩漬け肉
xián ròu
咸肉
花椒などの香辛料で塩漬けにした肉を半乾燥させたもの

101

2 素材別単語

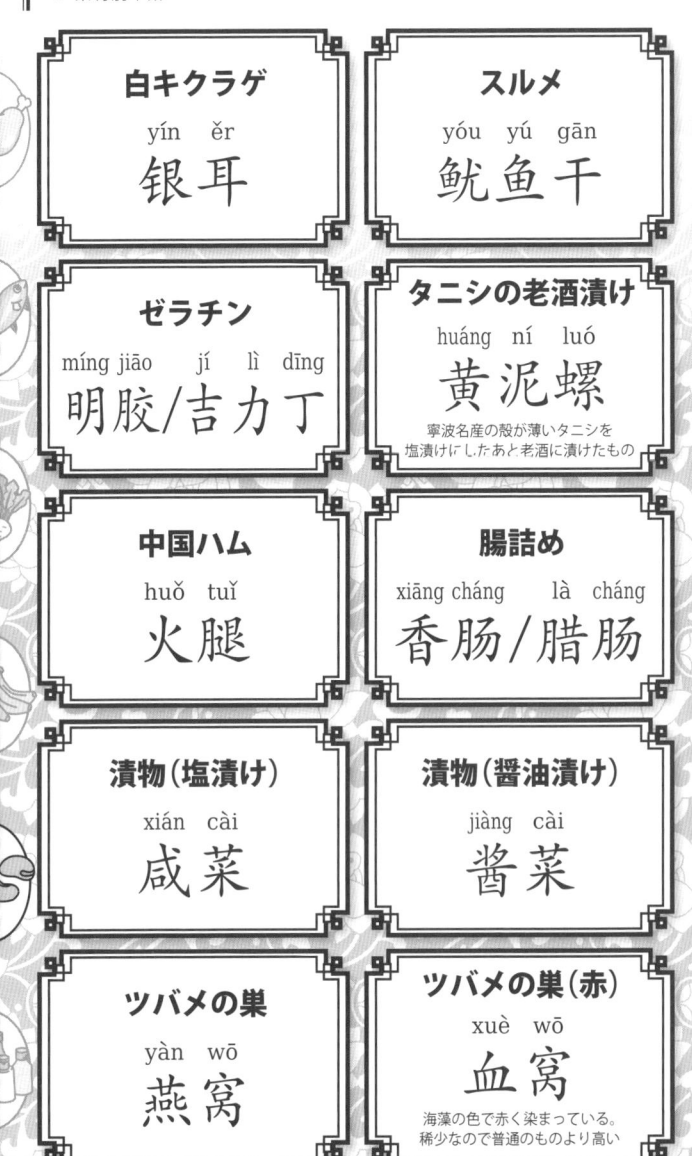

白キクラゲ	スルメ
yín ěr 银耳	yóu yú gān 鱿鱼干

ゼラチン	タニシの老酒漬け
míng jiāo / jí lì dīng 明胶/吉力丁	huáng ní luó 黄泥螺 寧波名産の殻が薄いタニシを塩漬けにし、あと老酒に漬けたもの

中国ハム	腸詰め
huǒ tuǐ 火腿	xiāng cháng / là cháng 香肠/腊肠

漬物(塩漬け)	漬物(醤油漬け)
xián cài 咸菜	jiàng cài 酱菜

ツバメの巣	ツバメの巣(赤)
yàn wō 燕窝	xuè wō 血窝 海藻の色で赤く染まっている。稀少なので普通のものより高い

副食品 — 乾物・保存食品

どんこ椎茸 dōng gū　huā gū 冬菇/花菇	**ナツメ(赤)** hóng zǎo 红枣
ナツメ(黒) hēi zǎo 黑枣	**肉でんぶ** ròu sōng 肉松
ニンニクの甘酢漬け táng suàn 糖蒜	**海苔** zǐ cài 紫菜
ハスの実 lián zi 莲子	**フカヒレ** yú chì 鱼翅
フカヒレ(姿) pái chì 排翅	**フカヒレ(バラ)** sàn chì 散翅

103

2 素材別単語

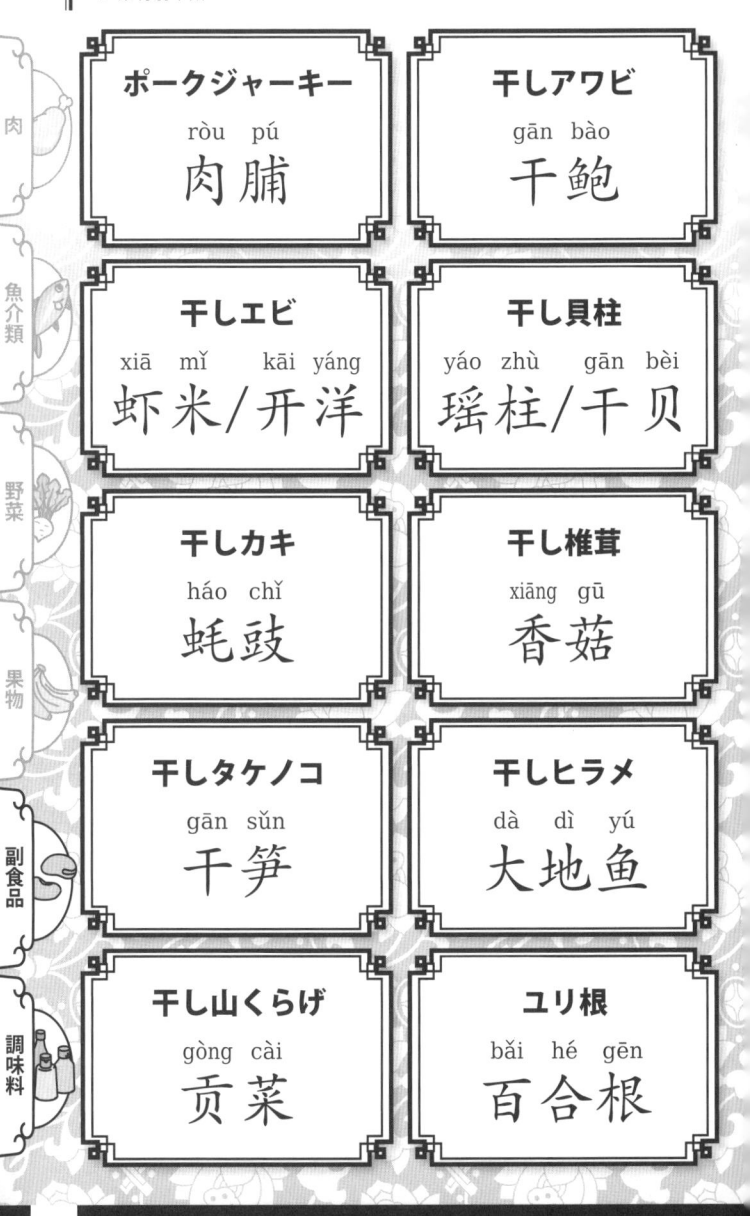

ポークジャーキー	干しアワビ
ròu pú 肉脯	gān bào 干鲍

干しエビ	干し貝柱
xiā mǐ / kāi yáng 虾米/开洋	yáo zhù / gān bèi 瑶柱/干贝

干しカキ	干し椎茸
háo chǐ 蚝豉	xiāng gū 香菇

干しタケノコ	干しヒラメ
gān sǔn 干笋	dà dì yú 大地鱼

干し山くらげ	ユリ根
gòng cài 贡菜	bǎi hé gēn 百合根

調味料

調味料

調味料
tiáo wèi liào
调味料

赤酢
hóng cù
红醋

油
yóu
油

甘酒
jiǔ niàng
酒酿

甘醤油
tián jiàng yóu
甜酱油

イースト
jiào mǔ
酵母

ウースターソース
là jiàng yóu
辣酱油

ウバイ
wū méi
乌梅

梅の燻製。漢方薬。酸梅湯の主原料

2 素材別単語

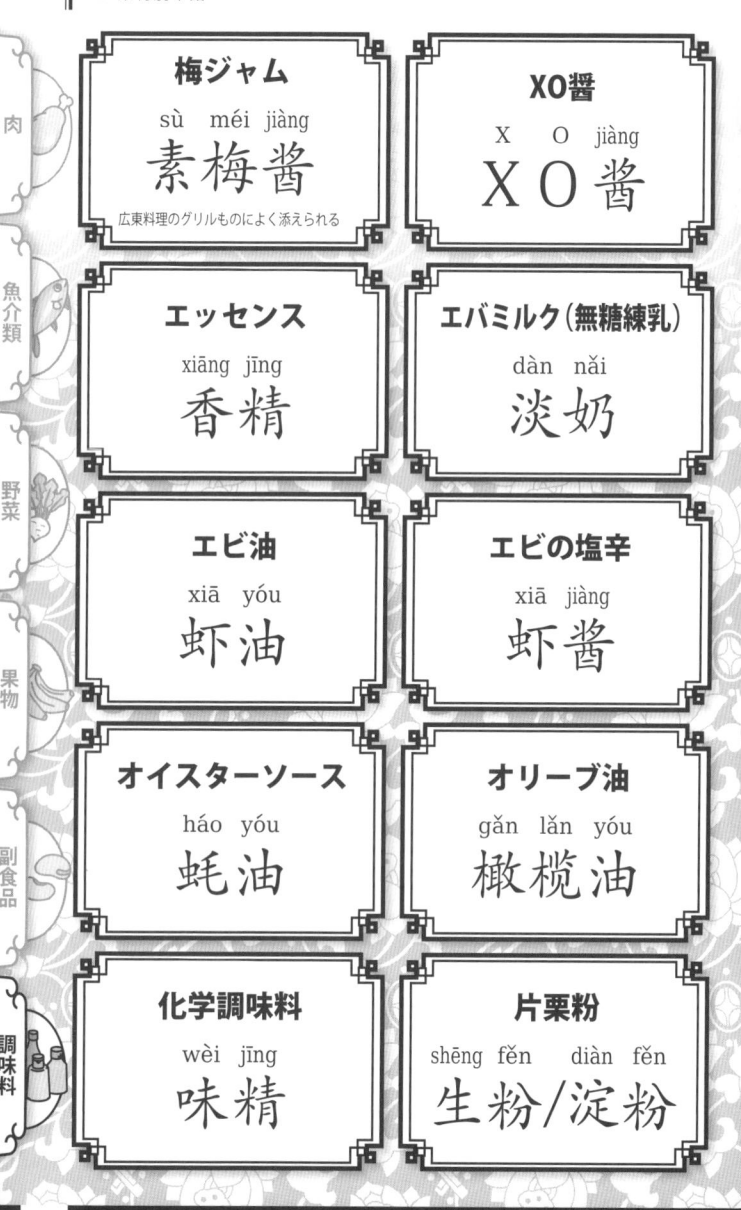

梅ジャム	XO醤
sù méi jiàng **素梅酱** 広東料理のグリルものによく添えられる	X O jiàng **XO酱**

エッセンス	エバミルク（無糖練乳）
xiāng jīng **香精**	dàn nǎi **淡奶**

エビ油	エビの塩辛
xiā yóu **虾油**	xiā jiàng **虾酱**

オイスターソース	オリーブ油
háo yóu **蚝油**	gǎn lǎn yóu **橄榄油**

化学調味料	片栗粉
wèi jīng **味精**	shēng fěn diàn fěn **生粉/淀粉**

調味料

カラシ	カラメル
jiè mo 芥末	jiāo táng 焦糖

カレー粉	かん水
gā lí fěn 咖喱粉	jiǎn 碱

寒天	広東甘味噌
qióng zhī 琼脂	hǎi xiān jiàng 海鲜酱

キンモクセイの砂糖漬け	クリーム
guì huā jiàng 桂花酱 中国菓子の香りづけによく使われる	nǎi yóu 奶油

黒クワイでんぷん	黒砂糖
mǎ tí fěn 马蹄粉	hóng táng 红糖

2 素材別単語

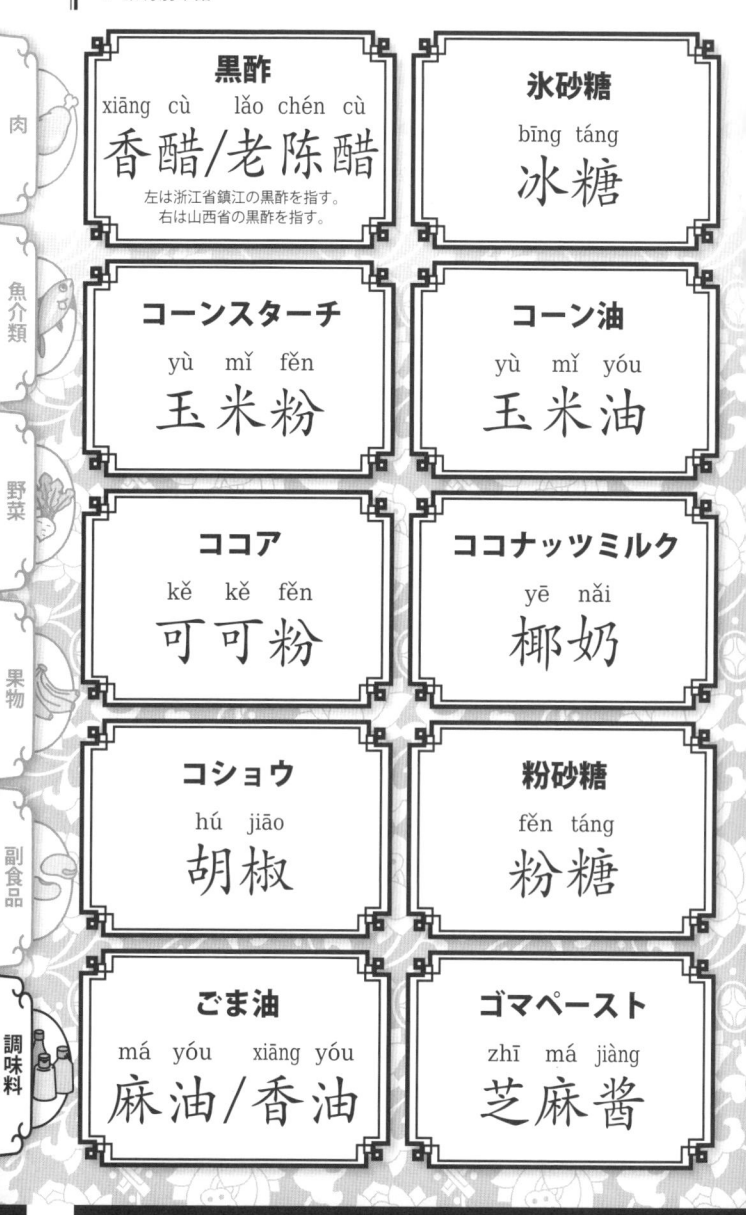

黒酢
xiāng cù　lǎo chén cù
香醋/老陈醋
左は浙江省鎮江の黒酢を指す。
右は山西省の黒酢を指す。

氷砂糖
bīng táng
冰糖

コーンスターチ
yù mǐ fěn
玉米粉

コーン油
yù mǐ yóu
玉米油

ココア
kě kě fěn
可可粉

ココナッツミルク
yē nǎi
椰奶

コショウ
hú jiāo
胡椒

粉砂糖
fěn táng
粉糖

ごま油
má yóu　xiāng yóu
麻油/香油

ゴマペースト
zhī má jiàng
芝麻酱

108

調味料

米酒	**米酒**
mǐ jiǔ	mǐ cù
米酒	米醋
台湾料理に使われる	

コンデンスミルク	**サウザンアイランド**
liàn rǔ	qiān dǎo shā sī
炼乳	千岛沙司

サテソース	**サラダ油**
shā chá jiàng	shā lā yóu
沙茶酱	沙拉油

山椒塩	**塩**
jiāo yán	yán
椒盐	盐

ジャム	**醤油**
guǒ jiàng	jiàng yóu
果酱	酱油

2 素材別単語

白酢	シロップ
bái cù	táng shuǐ
白醋	糖水

酢	ゼラチン
cù	míng jiāo / jí lì dīng
醋	明胶/吉力丁

そら豆味噌	大豆油
dòu bàn jiàng	dòu yóu
豆瓣酱	豆油
豆瓣酱と言えば日本では唐辛子味噌だが、中国では唐辛子の入らない味噌を指すことが多い	

台湾たまり醤油	たまり醤油
yóu gāo	lǎo chōu
油膏	老抽

チーズ	チキンパウダー
nǎi lào / gān lào / zhī shì	jī jīng
奶酪/干酪/芝士	鸡精
"チーズ"の音訳	

調味料

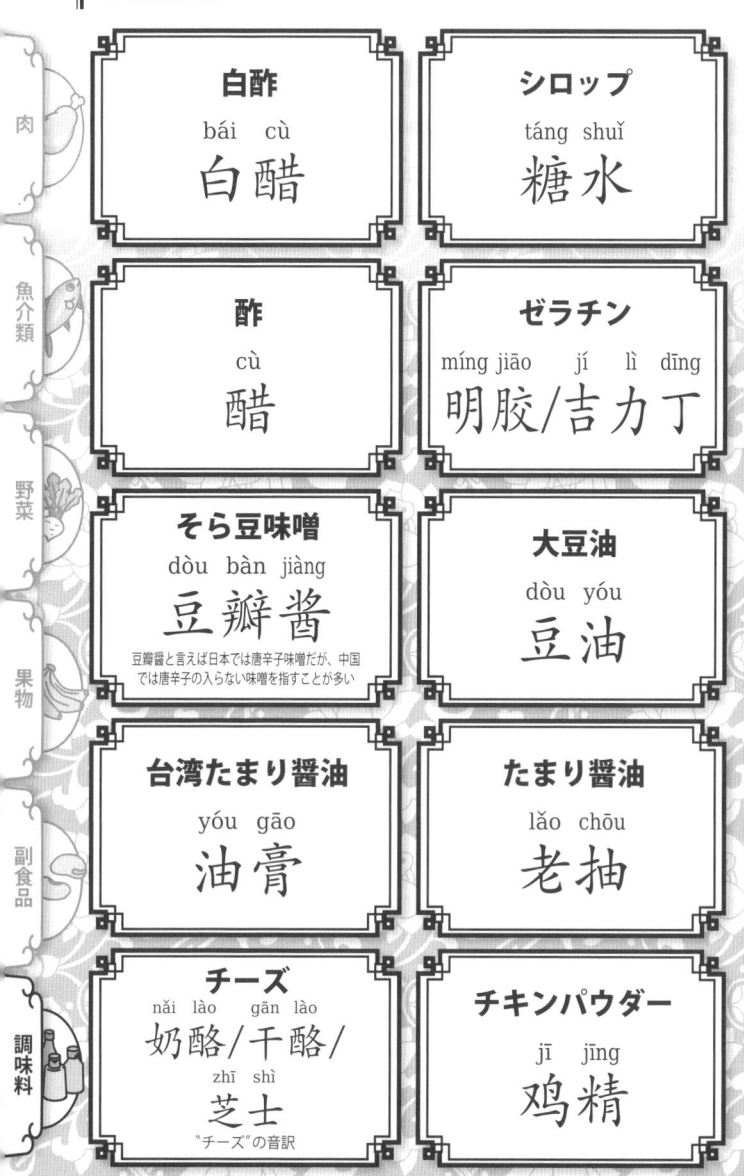

調味料

テンメンジャン	唐辛子味噌
tián miàn jiàng 甜面酱	là jiāo jiàng 辣椒酱 <small>そら豆を使わない一般的な唐辛子味噌</small>

トウチ	トウバンジャン
dòu chǐ 豆豉	dòu bàn jiàng 豆瓣酱 <small>そら豆をベースに作られる。 四川省特産の唐辛子味噌。</small>

トマトケチャップ	トマトペースト
fān qié shā sī 番茄沙司	fān qié jiàng 番茄酱

トリ油	ドレッシング
jī yóu 鸡油	shā lā jiàng　sè lā jiàng 沙拉酱/色拉酱/ yóu cù zhī 油醋汁

ナタネ油	生クリーム
cài yóu 菜油	xiān nǎi　nǎi yóu 鲜奶/奶油

2 素材別単語

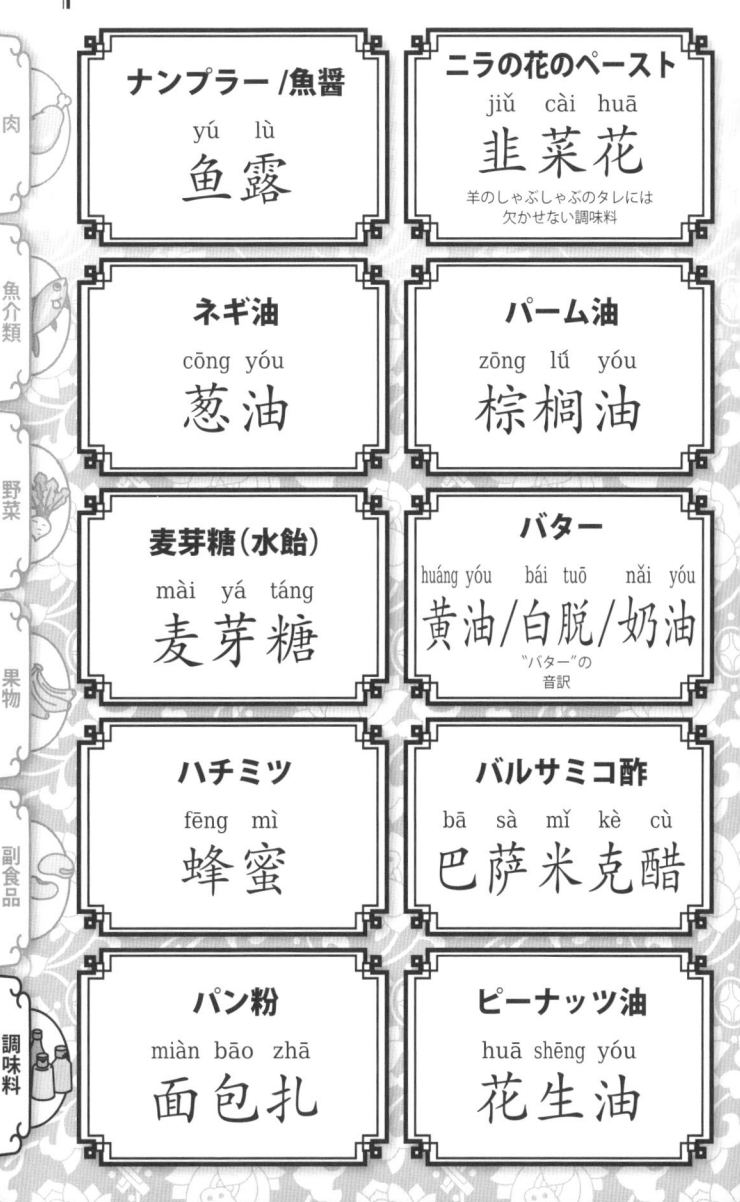

ナンプラー/魚醤
yú lù
鱼露

ニラの花のペースト
jiǔ cài huā
韭菜花

羊のしゃぶしゃぶのタレには欠かせない調味料

ネギ油
cōng yóu
葱油

パーム油
zōng lǘ yóu
棕榈油

麦芽糖（水飴）
mài yá táng
麦芽糖

バター
huáng yóu　bái tuō　nǎi yóu
黄油/白脱/奶油

"バター"の音訳

ハチミツ
fēng mì
蜂蜜

バルサミコ酢
bā sà mǐ kè cù
巴萨米克醋

パン粉
miàn bāo zhā
面包扎

ピーナッツ油
huā shēng yóu
花生油

調味料

ピーナッツバター	腐乳
huā shēng jiàng	fǔ rǔ
花生酱	腐乳
	豆腐の塩漬けを発酵させたもの。お粥の友にも

粉乳	ベーキングパウダー
nǎi fěn	sū dǎ fěn
奶粉	苏打粉

ヘット	紅麹
niú yóu	hóng zāo
牛油	红糟
	紅麹で赤く色がついているので、風味以外に色付けをしたい時にも使われる

紅麹の腐乳	ホースラディッシュ
nán rǔ	là gēn
南乳	辣根
南方では料理の下味によく使われる	

マーガリン	豆味噌
rén zào huáng yóu　mǎ qí lín	huáng jiàng
人造黄油/玛琪淋	黄酱

113

調味料

マヨネーズ
dàn huáng jiàng / shā lā jiàng
蛋黄酱/沙拉酱
中国のマヨネーズはおしなべて甘い

味噌
jiàng
酱
日本ほど種類は多くない

ミョウバン
míng fán
明矾

メープルシロップ
fēng táng jiāng
枫糖浆

ラード
zhū yóu
猪油

ラー油
hóng yóu
红油

料理酒
liào jiǔ
料酒

緑豆粉
lǜ dòu fěn
绿豆粉

ワサビ
là gēn / shān kuí
辣根/山葵

MEMO

3

料理ジャンル別単語

3 料理ジャンル別単語

点心

「点心」を日本語に訳すのって、実はちょっと難しいです。

「おやつ」でもあり「軽食」でもあり、要は**小腹が空いた時にちょっとつまむもの**、という意味が込められていますが、朝昼の食事をさっと済ませたい時にとるものも点心なので、点心はやっぱり点心としか言いようがないなあ、と今は若干あきらめています。

そのぶん、**種類はとてつもなく豊富**です。土地ごとに特色豊かなものが必ずあり、それだけで辞書ができてしまうほど。いつかは各地を食べ歩いてみたいと思いながらも、あまりの膨大さに手が出ません。

というわけで、ここでは全国で食べられるごく代表的なものだけ載せました。じゃんじゃん書き加えて、オリジナルの点心辞書を完成させてください。

揚げ餃子

zhá jiǎo
炸饺

一般にはほとんど食べられていない。飲茶のメニューで時々見られる

揚げパン

yóu tiáo
油条

炭酸アンモニウム、ミョウバンなどを加えた小麦粉の生地を棒状にまとめ油で揚げたもの。朝食やお粥に欠かせない

揚げまんじゅう

zhá gāo
炸糕

もち米の生地であんこを包み、油で揚げたもの

あんまん

dòu shā bāo
豆沙包

中国のあんこはラードかゴマ油で炒め、コクを出す

116

点心

お粥

粥 zhōu — 貝入りに主に使われる

稀饭 xī fàn — 白粥に主に使われる

おぼろ豆腐

豆腐脑 dòu fǔ nǎo / 豆花 dòu huā

豆乳をにがりでゆるく固めたもの。干しエビや海苔を乗せた塩味のもの、糖蜜をなどかけて食べる甘いものがある。

カマド焼のパン

烧饼 shāo bǐng

ナン焼きかまどと同じ形のかまどに貼り付けて焼く、中国式のパン。

餃子

饺子 jiǎo zi

中国で餃子と言えばゆで餃子を指す

シューマイ

烧卖 shāo mài

日本の焼売とほぼ同じだが、上海では醤油味のもち米を詰めたものが一般的

ショウロンポウ

小笼包 xiǎo lóng bāo — スープ入りの小さな肉まん

汤包 tāng bāo — ショウロンポウをこう呼ぶ地方もある。スープが特に多いものを指すことも

ちまき

粽子 zòng zi

地方によりナツメなどが入る甘いもの、しょうゆ味で肉などが入るしょっぱいものなど様々

チャーハン

炒饭 chǎo fàn

最も一般的なのは卵チャーハン。五目やあんかけもあり

中国風クレープ

煎饼 jiān bǐng

緑豆粉または小麦粉を薄く溶いた生地を鉄板に流し、卵、油条、北方で果子と呼ばれる揚げ煎餅などを巻いたもの。元々は北京周辺の食べ物である

中国風パン

大饼 dà bǐng

小麦粉の生地を大きく円形にのして鉄板で焼いたもの。庶民の朝食に欠かせない

3 料理ジャンル別単語

肉あん入りお焼き
ròu bǐng
肉饼
ひき肉あんを小麦粉の生地に包み、油で焼いたもの

肉まん
ròu bāo
肉包
日本の肉まんのように野菜が入ることは少なく肉主体のものがメイン

葱入りお焼き
cōng yóu bǐng
葱油饼
小麦粉の生地に刻んだネギと油を層になるように重ね、鉄板で焼いたもの

春巻
chūn juǎn
春卷
中身は様々。主に南方の食べ物

蒸し餃子
zhēng jiǎo
蒸饺
一般にはほとんど食べられていないが、飲茶のメニューや小吃店でたまに見られる

蒸しパン
mán tou
馒头
粉食文化の北方での主食

麺
miàn tiáo
面条
長いものから短いものまで、種類は多種多様

餅
nián gāo
年糕
金ののべ棒の形に成形することから、縁起物として年始に特に食べられる。薄く切ってスープに入れたり炒めたりするが、甘い生地をケーキのように丸くつくり、薄く切って焼く地方もある

もち米おにぎり
cí fàn
糍饭
もち米を油条を芯に大きくにぎったもの。砂糖や肉でんぶで味付けをする

焼き餃子
guō tiē
锅贴
余ったゆで餃子を焼いて食べたことから始まったという説もある

118

野菜まん

cài bāo
菜包

青菜と干ししいたけ、押し豆腐などを包む。上海一帯でよく食べられる

緑豆麺

liáng fěn
凉粉

緑豆粉でつくった生地をおろし金で削り、薬味、調味料で和えて食べる。夏の点心

ワンタン

hún tún
馄饨

日本で見られる薄皮のものが主流だが、上海などの江南地方では皮が厚く肉餡に野菜を練り込むものもある

chāo shǒu
抄手

四川のワンタン。スープ仕立てやゆでて辛いソースをかけて食べる

MEMO

点心　麺類

　点心といえばまず麺でしょう。**そもそも麺（中国語では面）という言葉が「粉物」の総称な**のですから。

　当然種類もたくさんありますが、麺本体の作り方として一番多いのが、「切面」と呼ばれる、薄くのして端から切ったもの。これは機械でもできるので大量生産が可能です。日本の「ラーメン」の語源となったとも言われる「拉麺」は、生地を何度も引き伸ばしてつくりますが、これは案外一般的なものではなく、有名どころでは蘭州の、牛肉と漢方を煮込んで取ったスープで食べる牛肉面あたり、シルクロード方面に多く見られる作り方です。客の好みで細麺にも太麺にも、はては平打ちまでと、麺をカスタマイズできるのが魅力です。

　麺類といえば山西省が有名です。生地のかたまりを特殊な包丁で削ってつくる刀削麺は、日本でもぼちぼち見かけるようになりましたが、小さく切った生地を親指でくるんとつぶして作る〝猫耳朵〟など、形も作り方もイタリアのオレキエッテとそっくりで、これはシルクロードを経て伝わったのか、それとも人の考えることはどこも一緒だということかと、料理を前に思わず考察してしまいます。それ以外にも、面白い麺がたくさんあるので、麺食いを自称する人ならぜひ訪れてみたい土地だと思います。

　違う意味で、**上海の麺も特筆すべきものがある**と思います。麺自体は普通の切麺なのですが、とにかくトッピングが豊富。おとなりの街、**蘇州の麺は、具が入らない麺におかずが添えられる形式**なのですが、そのおかずをそのまま乗っけたのが上海の麺といった感じです。商売人や労働者が多く、忙しい土地ゆえ、さっと食べられて栄養バランスもいいということで、人気が集まったのかもしれません。中国旅行に上海が組み込まれることも少なくないと思うのと、麺屋が街のあちこちにあって食べる機会もあろうと思い、特に紹介させていただきました。上海の麺屋はちょっと小腹が空いた時、軽く済ませたい朝昼食にぜひ訪れていただきたい、隠れ名所なのです。

点心 — 麺類

麺
miàn tiáo
面条

和えそば
lāo miàn
捞面 　広東
bàn miàn
拌面 　全国

ゆでて調味料で和えたそば

あんかけ麺
dǎ lǔ miàn
打卤面
北方

肉、海鮮、野菜などを炒めとろみをつけたものをかけた麺

伊府麺
yī fǔ miàn
伊府面
福建

油で揚げた卵麺。炒めそばやあんかけ焼きそばにする

インスタント麺
fāng biàn miàn
方便面
全国

国産の種類もさまざま。出前一丁はちょっと高い高級品で、日本にない味付けが面白い

かけそば
yáng chūn miàn
阳春面
上海

具を一切加えない汁そば

ジャージャー麺
zhá jiàng miàn
炸酱面
北京

肉味噌と様々な野菜の和えそば

過橋米線
guò qiáo mǐ xiàn
过桥米线
雲南

米麺を豚骨、鶏がら、雲南ハムで取ったスープに入れ、表面に油を張った麺

タンタン麺
dān dān miàn
担担面
四川

日本のものとは違い、汁なしの和えそばが一般的

手のべ麺
lā miàn
拉面
西部

手で生地を何度も引き伸ばしてつくる麺の総称

121

3 料理ジャンル別単語

刀削麺
dāo xiāo miàn

刀削面

生地を特殊な刃物で削りながらゆでた麺

山西

煮込み麺
huì miàn

烩面

鶏、羊、豚などで取ったスープで煮込んだ麺

河南

猫耳麺
māo ěr duǒ

猫耳朵

生地をさいの目に切り、親指でつぶして成形した麺。形が猫の耳に似ていることからこの名がつけられた

山西

熱干麺
rè gān miàn

热干面

ゆでた麺を油通しし、練りゴマ、ごま油、唐辛子味噌などで和えた麺

武漢

ビーフン
mǐ fěn

米粉

汁ビーフン、炒めビーフンがあり、具はさまざま

南方

冷しそば
lěng miàn

冷面

ゆでた麺に調味料をかけたそば。日本のように冷水で冷やさず常温で冷ます

全国

焼きそば
chǎo miàn

炒面

醤油味で炒めた麺。具は地方によってさまざま

全国

ライスヌードル
hé fěn

河粉

ビーフンの平麺バージョン。南方では生麺として売られる

南方

ラグメン
lā tiáo zi

拉条子

新疆ウイグル自治区の和えそばの総称。多くはトマト、ピーマン、羊肉の炒め物と和える

新疆

蘭州拉麺
lán zhōu lā miàn

兰州拉面

かん水入りの手のべそばを、牛骨と漢方薬で取ったスープで食べる

蘭州

点心 － 麺類

龍髭麺
lóng xū miàn
龙须面
龍の髭のように細く延ばした麺。宴席で供されることが多い
北方

両面焼きそば
liǎng miàn huáng
两面黄
麺を多めの油でこんがりと焼き色をつけたあんかけそば
上海

緑豆の平麺
liáng fěn
凉粉
緑豆粉でつくられたところてん状の麺。緑豆には暑気払い効果があるため夏に多く食べられる
全国

ワンタン麺
hún tún miàn
馄饨面
エビワンタン、エビで取ったスープの汁そば
広東

エビそば
xiā rén miàn
虾仁面
小エビ（上海では川エビを使う）の塩味炒めを乗せた麺
上海

黄魚麺
huáng yú miàn
黄鱼面
イシモチに似た黄魚（キグチ）の塩味炒めを乗せた麺
上海

三鮮麺
sān xiān miàn
三鲜面
エビ、タケノコ、干ししいたけの塩味炒めを乗せた麺
上海

上海蟹麺
xiè fěn miàn
蟹粉面
上海蟹のほぐし身を塩味で炒めて乗せた麺。蟹味噌が入ることも
上海

大腸麺
dà cháng miàn
大肠面
豚の腸の醤油煮込みを乗せた麺。モツ好きにはたまらない
上海

タウナギ麺
shàn sī miàn
鳝丝面
タウナギを細く裂き、甘みが勝った醤油味で炒め煮して乗せた麺
上海

123

3 料理ジャンル別単語

肉の辛味噌炒め麺
là ròu miàn
辣肉面
豚肉、タケノコ、干ししいたけを唐辛子味噌で炒めて乗せた麺
上海

ネギ油の和えそば
cōng yóu bàn miàn
葱油拌面
小ねぎをたっぷりの油で焦がすように炒め、甘醤油と共に和えた麺
上海

豚バラの煮込み麺
dà ròu miàn
大肉面
分厚いバラ肉の大きなかたまりが乗る。がっつり肉を食べたい時に
上海

豚マメ麺
yāo huā miàn
腰花面
豚マメ(腎臓)のそぎ切りを醤油味で炒めて乗せた麺
上海

豚レバー麺
zhū gān miàn
猪肝面
豚レバーの炒め煮を乗せた麺
上海

干ししいたけと油麸の麺
xiāng gū miàn jīn miàn
香菇面筋面
干ししいたけと油麸が甘みが勝った醤油味で炒め煮して乗せた精進の麺
上海

骨付きロース麺
dà pái miàn
大排面
骨付きのロースの揚げ煮を乗せた麺
上海

目玉焼き麺
hé bāo dàn miàn
荷包蛋面
両面焼きの目玉焼きを乗せた麺
上海

肉と青菜の焼きそば
ròu sī qīng cài chǎo miàn
肉丝青菜炒面
上海の焼きそばは太麺を使い、甘醤油で味付けするのが特徴
上海

雪菜と肉細切り麺
xuě cài ròu sī miàn
雪菜肉丝面
カラシナに似た雪菜と豚肉の細切りを炒めたものを乗せた、上海の麺を代表する一品
上海

点心 - 麺類

湯葉の鶏もどき麺

sù jī miàn

素鸡面

上海

湯葉を鶏ももの形に成形し、醤油味で煮染めたものを乗せた麺

青菜入リワンタン
(麺以外の定番メニュー)

dà hún tún

大馄饨

上海

日本の餃子の皮くらいの厚い生地に、青菜入りの肉あんをたっぷり包んだワンタン。ナズナ入りが美味しい

ワンタン
(麺以外の定番メニュー)

xiǎo hún tún

小馄饨

上海

日本でお馴染みのワンタンに近い。薄い皮に肉あんを包んだもの

炒め餅
(麺以外の定番メニュー)

chǎo nián gāo

炒年糕

上海

薄切りにした餅を、肉や青菜と共に炒めたもの。味付けは店によって醤油だったり塩だったり

スープ餅
(麺以外の定番メニュー)

tāng nián gāo

汤年糕

上海

薄切りにした餅を、肉や青菜が入ったスープで煮たもの。味付けは塩味が一般的

骨付きロースの炒め餅
(麺以外の定番メニュー)

pái gǔ nián gāo

排骨年糕

上海

浙江省常熟の名物だが、上海でもよく食べられる。骨付きロースの衣揚げを炒めた餅に乗せ、みたらし団子のような甘辛あんをかける

MEMO

点心　餃子

　中国料理と言えば餃子を思い浮かべる日本人が多いと思いますが、**中国で"餃子"といえば水餃子のことで、日本でポピュラーな焼き餃子は"鍋貼"と呼ばれ**、水餃子と比べるとぐっと食べる機会が少ないようです。また、水餃子も日本ではスープに浮かべたものを出す店がありますが、本来はただゆでただけのもので、これにお酢をつけて食べるのが最も一般的。**スープ餃子は広東の飲茶でたまに見かける程度**です。

　また、中国では餃子を常食していると思われがちですが、これは粉食文化の北方の習慣で、揚子江以南のいわゆる"南方"では滅多に食べず、むしろワンタンのほうが一般的です。北京をはじめとする北方では、気軽に小麦粉の生地をこねて餃子をつくりますが、上海では包み方を知らないと言う人も少なくありません。というわけで、**「本場」の餃子を食べたければ、迷わず北方を目指しましょう。**

　とはいえ、昨今の食のボーダーレス化で、南方にも餃子専門店が街のあちこちにできています。

　水餃子の中身は旬の野菜とひき肉が基本ですが、単純に豚ひき肉というわけでもなく、野菜によっては羊、牛、鶏、エビ、白身魚なども使われますし、肉嫌いの人のために、いりたまごを使ったもの、ベジタリアン向けに野菜だけの餃子と、種類の多さに目移り必至。専門店を目指す前に、まずはこのページで予習してから出向きましょう。

　なお、**中国の餃子にはにんにくは入りません。**北方ではにんにくのみじん切りをお酢に入れたり丸かじりしたりします。

　点心同様、餃子の中身は肉類 肉の基本は豚肉（猪肉）です。「牛肉」などの表記が特にないものは、豚ひき肉が使われていると思っていいでしょう。ニラや香菜、茴香などのクセの強い野菜には、牛肉や羊肉もよく合います。

　また、「干ししいたけとクワイ」、「セロリとニラ」というふうに、数種類の材料を合わせてつくった餡もあります。

点心 — 餃子

ぎょうざ
jiǎo zi
饺子

餃子一般の呼び方。主に水餃子を指している

水餃子
shuǐ jiǎo
水饺

餃子と言えば水餃子

餃子の種類

蒸し餃子
zhēng jiǎo
蒸饺

広東の飲茶で餃子といえばもっぱら蒸し餃子

餃子の種類

スープ餃子
tāng jiǎo
汤饺

ほとんど見かけない。飲茶でたまに見る程度

餃子の種類

焼き餃子
guō tiē
锅贴

日本ではおなじみの焼き餃子も、本家中国ではあまり見られない。水餃子と同じ皮を使うので日本のものよりもずっとぼってりしている

餃子の種類

餃子の茹で汁
jiǎo zi tāng
饺子汤

餃子の茹で汁は消化を助けると言われていて、専門店ではタダかタダ同然で出してもらえる。確かに飲むとさっぱりする気がする

餃子の種類

青菜
qīng cài
青菜

チンゲンサイ、油菜などをみじん切りにしてたっぷり加える

中身の種類

アサリ
gé lí
蛤蜊

海鮮レストランで出されることが多い、アサリのむき身たっぷりの餃子

中身の種類

いんげん
jiāng dòu
豇豆

夏の餃子。生のまま小口切りにして加える

中身の種類

ウイキョウ（フェンネル）
huí xiāng
茴香

北京で"上等"な餃子といえばこれ

中身の種類

3 料理ジャンル別単語

エビ
xiā rén
虾仁
包丁で叩いたエビが入る。肉嫌いの人はぜひ
中身の種類

香菜(コリアンダー、パクチー)
xiāng cài
香菜
香菜好きな人にはこたえられないはず
中身の種類

黄ニラ
jiǔ huáng
韭黄
ニラよりも風味が上品になる
中身の種類

クワイ
mǎ tí
马蹄
シャキシャキとした歯ごたえが身上。干ししいたけと組み合わせることが多い
中身の種類

サワラ
bà yú
鲅鱼
すり身にしたサワラは、クセがなく食べやすい
中身の種類

三鮮
sān xiān
三鲜
エビ、干ししいたけ、タケノコの3種類が入る
中身の種類

精進
sù jiǎo
素饺
干ししいたけ、押し豆腐、白菜が一般的。炒り卵が入ることもある
中身の種類

ズッキーニ
xī hú lú
西葫芦
夏の餃子。千切りの水気を絞って、たっぷり加える。柔らかな口当たりになる
中身の種類

スルメイカ
yóu yú
鱿鱼
包丁で叩いたスルメイカ入り。ニラと合わせることが多い
中身の種類

セロリ
qín cài
芹菜
香りが強い中国セロリのみじん切り。牛や羊と組み合わせることが多い
中身の種類

大根
luó bo
萝卜

千切りに軽く塩をして水気をきつく絞ったものが入る

中身の種類

トマト
xī hóng shì
西红柿

夏の餃子。水気を固く絞って肉に加え、牛や羊と組み合わせることが多い

中身の種類

トマトと卵
xī hóng shì jī dàn
西红柿鸡蛋

肉嫌いの人がよくつくる餃子。トマトと炒り卵で優しい味

中身の種類

鶏肉とタケノコ
jī ròu dōng sǔn
鸡肉冬笋

淡白な鶏肉と、甘みのある冬のタケノコがよく合う

中身の種類

長ネギ
dà cōng
大葱

北方でネギと言えば長ネギだけど、こと餃子に関しては白菜ほど一般的ではない

中身の種類

ナマコ
hǎi shēn
海参

干しナマコ入りの餡。高級餃子の類

中身の種類

ニラ
jiǔ cài
韭菜

白菜の次にポピュラー

中身の種類

にんじん
hú luó bo
胡萝卜

大根同様、千切りに塩をして水分を絞る。甘みが出て美味しい

中身の種類

白菜
bái cài
白菜

一番ポピュラーな餃子。北方独特の、細長くて水分が少ない白菜でつくるとさらに美味しい

中身の種類

白菜の古漬け
suān cài
酸菜

酸っぱくなった白菜の古漬けのみじん切り入り。絶品

中身の種類

ピーマン

qīng jiāo

青椒

夏の餃子。みじん切りにして加える

中身の種類

干ししいたけ

xiāng gū

香菇

蒸し餃子に入れたり、他の野菜と組み合わせて使うことが多い

中身の種類

干ししいたけと鶏肉

xiāng gū jī dīng

香菇鸡丁

さいの目切りにした鶏肉の食感が楽しい

中身の種類

レンコン

lián ǒu

莲藕

秋の餃子。クワイ同様シャキシャキとした歯ごたえがいい

中身の種類

MEMO

点心 包子・饅頭

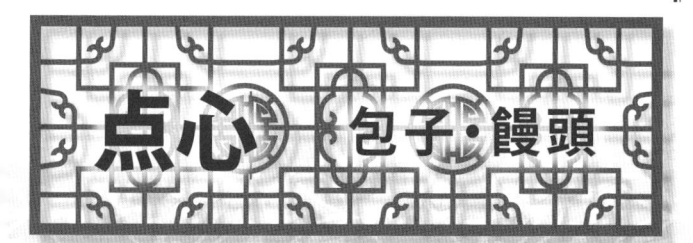

　点心で欠かせないものとして、包子の存在を忘れることはできません。全国で愛され、食べられていますし、中身も地方色を反映したものが数多くあります。日本のおにぎりと同じ位置づけなのかもしれません。ですから、各地の特色ある包子を食べ歩くというのもまた、旅の立派なテーマになるような気がします。

　いわゆる「**包子」は、小麦粉の記事に発酵だね（老麺と呼ばれる発酵済みの生地やイーストなど）を加え、中身を包んで蒸し上げたものを指します**。例えば肉まんを「肉包」と呼ぶように、**中身＋包という組み合わせでネーミングされていることが多いようです**。

　また、同じ小麦粉の生地でも、発酵だねを加えない生地を使う包子もあります。小籠包に代表される煮凝りを練り込んだあんを包むタイプは、一部を除いて生地に発酵だねを加えません。

　ところで**包子を日本語に訳すと「まんじゅう」になりますが、中国語で「饅頭」というと、生地だけを蒸したものを指します**。粉食文化の北方では欠かせない主食でしたが、昨今のように流通が発達し、北方でも米が難なく手に入るようになったので、この方程式も崩れつつあります。元々北方の料理は塩気が強く、小麦粉の主食によく合う味付けのものが多いのですが、米食が普及するとこの味付けも変わってくるのかな、と少々寂しくもなったりします。いずれにせよ**北方の料理を楽しむ時には、主食をマントウにすると、より食事が楽しくなる**こと請け合いですので、ぜひおぼえておいてください。

あんまん

dòu shā bāo

豆沙包

小豆あんをさらに油（脂）で炒めてあるので、日本のあんまんよりコクがある

カスタードまん

nǎi huáng bāo

奶黄包/

nǎi huáng bāo

奶皇包

広東式のもったりと黄色いカスタードをたっぷり包んだデザート包子。塩卵の黄身が入っているのは上等品

3 料理ジャンル別単語

牛肉まん

niú ròu bāo
牛肉包

肉まんの豚肉を牛肉に替えたもの。豚肉禁忌のイスラムや回族料理の店にある

銀絲巻

yín sī juǎn
银丝卷

マントウの生地を細く糸のように伸ばし、同じ生地に包んで蒸したもの。高度のテクニックが必要なので、出す店は限られる

黒米入りマントウ

hēi mǐ mán tóu
黑米馒头

黒米粉と小麦粉を合わせてつくったマントウ。黒米の補血作用が注目され、ヘルシー志向の人に受けている

砂糖まん

táng bāo
糖包/
táng sān jiǎo
糖三角

黒糖またはブラウンシュガーをそのまま包んで蒸したもの。三角形に成形したものを糖三角と呼ぶ

ショウロンポウ

xiǎo lóng bāo
小笼包

日本でもすっかり有名になった、スープ入りの小さな肉まん。上海近郊の南翔が発祥と言われる

スープ肉まん

tāng bāo
汤包/
guàn tāng bāo
灌汤包

肉あんに煮こごりを入れた包子。加熱することで煮こごりが溶け、スープになる。小籠包はこの仲間

スープ肉まん

guàn tāng bāo
灌汤包

汤包の仲間。小籠包よりも大きく蒸したものを指すことが多いが、河南省開封の名物汤包の呼称でもある

チャーシューまん

chā shāo bāo
叉烧包

代表的飲茶メニュー。広東式の甘いチャーシューが、同じく広東式の甘い生地によく合う

トウモロコシ粉のマントウ

wō tóu
窝头

トウモロコシ粉を水で練って三角すいにまとめ、底に空洞をつくって蒸した北方のマントウ。小麦粉が買えない貧乏人の食べものとして、長いこと軽視されてきたが、飽食気味の昨今、懐古趣味とも相まって評価されつつある

なつめあんまん

zǎo ní bāo
枣泥包

干しナツメでつくった甘いあんを包んだもの。なつめは補血作用があるので、女性に良いとされる

点心 — 包子・馒头

肉、タケノコ、椎茸まん
sān dīng bāo
三丁包
3種類の材料を細かいさいの目切り（丁）にし、炒めて味つけしたものを包む

肉の醤油煮まん
jiàng ròu bāo
酱肉包
豚や牛のすね肉を醤油でこっくり煮染めたものを中身にしている。元はおかずの余りを入れたのが最初かも

肉まん
ròu bāo　bāo zi
肉包/包子
「包子」と言えばこれ

肉野菜まん
cài ròu bāo
菜肉包
北方では白菜、南方では青菜が一般的

蓮の実まん
lián róng bāo
莲蓉包
蓮の実をあんこにした甘い包子。蓮の実は高価なので高級包子の部類に入る

花巻
huā juǎn
花卷
マントウの生地をくるくると丸めて蒸したもの。マントウと同じく主食扱い

羊まん
yáng ròu bāo
羊肉包
肉まんの豚肉を羊に替えたもの。豚肉禁忌のイスラムや回族料理の店にある

マントウ
mán tou
馒头
生地だけを蒸したもの。北方では欠かせない主食

焼き肉まん
shuǐ jiān bāo
水煎包
小さくつくった煮こごり入りの肉まんを、鉄鍋でこんがり焼いたもの。上海の生煎包と同じ作り方だが、こちらは山東省の名物

shēng jiān bāo
生煎包
上海名物で水煎包と同じ製法だが、上海のほうがポピュラーなせいで、日本ではこちらのほうがもっぱら有名になった。熱いスープはマグマ級の危険度

野菜まん

cài bāo
菜包

上海でよく食べられる。押し豆腐、青菜、干ししいたけなどを刻んで油を加え包む

MEMO

MEMO

点心 — ご飯もの

　北方では主食にマントウなどの粉物を食べるのに対し、南方の主食は白いご飯です。

　ご飯ものの種類はそう多くありませんが、朝食にお粥を食べるのは全国的な習慣で、特に広東料理圏ではお粥の種類が豊富です。

アワ粥

xiǎo mǐ zhōu

小米粥

米は加えず、アワだけをじっくり炊く。母乳を出す効果があると言われ、経産婦に良いとされる

あんかけご飯

huì fàn

烩饭

お粥

zhōu

粥 /

xī fàn

稀饭

中国のお粥は米粒が崩れるまで煮たものが主流。色々具が入った味付きのものは、広東料理圏で豊富。下は北方での呼び名

雑炊

pào fàn

泡饭

冷ご飯を具の入ったスープもしくはお湯で炊いたもの。上海でよく食べられる

五目チャーハン

shén jǐn chǎo fàn

什锦炒饭

炊き込みご飯

bāo zǎi fàn

煲仔饭

主に広東地方の料理。土鍋炊きの白飯に腸詰、味付け牛ミンチなどを乗せて蒸らす。
"仔"は一人前の容器を指していて、一人分の土鍋でつくられる

3 料理ジャンル別単語

炊き込み菜飯
cài fàn
菜饭
青菜をラードで炒め、塩味で炊きこんだご飯。上海の家庭料理

卵チャーハン
dàn chǎo fàn
蛋炒饭

ちまき
zòng zi
粽子
南方では肉を入れた醤油味のもの、北方ではナツメを入れた甘いものが主流

チャーハン
chǎo fàn
炒饭

肉ちまき
ròu zòng
肉粽
豚のかたまり肉が入った醤油味。干ししいたけ、塩漬け卵の黄身が入ることもある

白米のご飯
bái mǐ fàn
白米饭

福建風チャーハン
fú jiàn chǎo fàn
福建炒饭
海鮮のあんかけチャーハン

蒸したご飯
zhēng fàn
蒸饭

緑豆粥
lǜ dòu zhōu
绿豆粥
緑豆を米と一緒に炊きあげたもの。緑豆は暑気払いに効果があるとされ、夏のお粥としてよく食べられる

MEMO

点心
外国料理
菓子
飲み物
酒

136

点心 — 飲茶

おやつ、小腹満たし、朝食、昼食にしょっちゅう出てくる点心ですが、テーブルを囲んで何品も注文する形式は、飲茶をおいて他にありません。

そもそも飲茶とは、広東語からきています。**元は広東料理圏の習慣で、お茶を飲みながら点心を食べることを指しています。ただし中国の標準語ではもっぱら「早茶」と呼ばれているので**、飲茶を食べたいのに店が見つからない、なんてことがないように注意しましょう。

中国ではどこでも飲茶ができるかというと決してそんなことはなくて、**北京や上海などの大都市でも、広東料理店にし**かありませんし、ひとつひとつにとても手がかかるため、手間を嫌ってやっていない店が大多数です。比較的確実なのが、高級ホテルの広東料理レストランでしょうか。値段はちょっと高いけど、それでも日本よりはいくらか安い価格で楽しめるはずです。

しかし広州や香港はさすがの本場、お昼すぎくらいまで、ちょっとしたレストランやホテルのレストランはほぼ確実に飲茶をやっていますし、香港の陸羽茶室のように専門店もあります。本格的に飲茶を楽しみたいのなら、やはり本場に行くのが一番でしょう

とはいえ、他の都市の飲茶のレベルが低いわけでは決してないと思います。広東人は自分たちの料理への執着が割と強いので、他の都市であっても彼らで賑わっている店はほぼ間違いがありません。日本にないメニューもたくさんあるし、少人数でもあれこれ頼めて楽しいので、もし見つけたら日程に加えることを強くオススメします。

飲茶レストランはワゴンで持ってきてくれるところ、紙に書かれたメニューを見て注文するところの2通りあります。メニュー形式のところは、「蒸し物」、「焼き物」といった感じに、調理法でカテゴリー分けしてあるのが主流ですが、陸羽茶室のように甘いもの、しょっぱいものという分け方の店もあります。

ここに紹介するのは、飲茶の中でも代表的なもの、つまりほんの一部分です。店によって食材の組み合わせが本当に多彩なので、この基本をベースに、食材の項目で材料を調べつつオーダーしてください。

最後に注意。**「早茶」の名の通り、ほとんどの店は朝食がメイン。**せいぜいがアフタヌーンティーの時間帯までで、夕食にあれこれ点心が食べられる店はとても少ないです。**ですから予定を入れるのなら朝食か昼食がベスト**です。そもそもがゆったり朝を過ごすための習慣ですから、ここは右へならえで朝食にしてみるのが、お店にも活気があるし、種類も豊富なのでオススメです。

3 料理ジャンル別単語

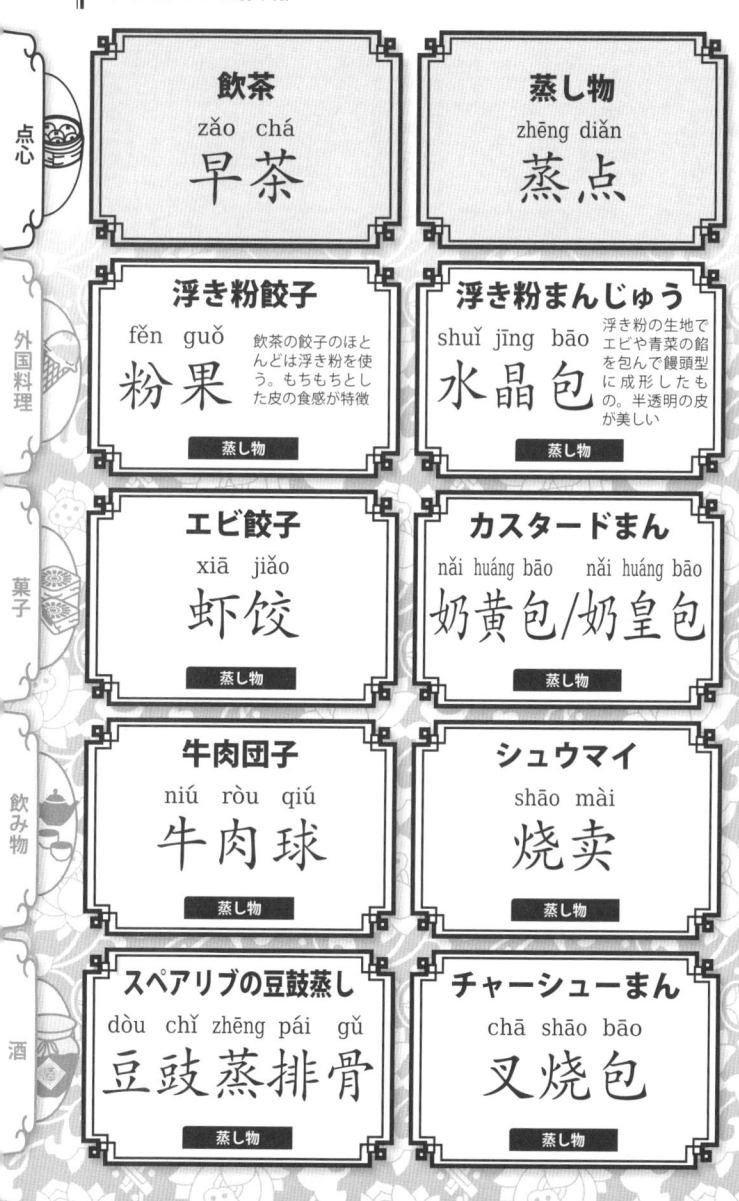

飲茶
zǎo chá
早茶

蒸し物
zhēng diǎn
蒸点

浮き粉餃子
fěn guǒ
粉果

飲茶の餃子のほとんどは浮き粉を使う。もちもちとした皮の食感が特徴

蒸し物

浮き粉まんじゅう
shuǐ jīng bāo
水晶包

浮き粉の生地でエビや青菜の餡を包んで饅頭型に成形したもの。半透明の皮が美しい

蒸し物

エビ餃子
xiā jiǎo
虾饺

蒸し物

カスタードまん
nǎi huáng bāo　nǎi huáng bāo
奶黄包/奶皇包

蒸し物

牛肉団子
niú ròu qiú
牛肉球

蒸し物

シュウマイ
shāo mài
烧卖

蒸し物

スペアリブの豆鼓蒸し
dòu chǐ zhēng pái gǔ
豆豉蒸排骨

蒸し物

チャーシューまん
chā shāo bāo
叉烧包

蒸し物

点心 – 飲茶

ハチノスのネギ油風味
cōng jiāo niú bǎi yè
葱椒牛百叶

ハチノス＝牛の胃袋。コリコリの食感がたまらない

飲茶

フカヒレ餃子
yú chì jiǎo
鱼翅饺

蒸し物

蒸しパン
mǎ lā gāo
马拉糕

蒸し物

モミジの豆豉蒸し
dòu chǐ zhēng fèng zhuǎ
豆豉蒸凤爪

モミジ＝鶏の足。見た目はグロでも味は最高

蒸し物

焼き物・揚げ物
jiān zhá diǎn
煎炸点

揚げワンタン
zhà yún tūn
炸云吞

焼き物・揚げ物

エッグタルト
dàn tà
蛋挞

焼き物・揚げ物

エビすり身トースト
xiā duō shì
虾多士

エビのすり身を薄くスライスした食パンに塗って揚げたもの

焼き物・揚げ物

具入りの揚げ餅
xián shuǐ jiǎo
咸水角

もち米粉の生地に、細かいさいの目切りの肉やエビ、野菜を包んで揚げたもの

焼き物・揚げ物

大根パイ
luó bo sū
萝卜酥

大根の千切りと中国ハムのみじん切りをたっぷり包んだパイ

焼き物・揚げ物

139

3 料理ジャンル別単語

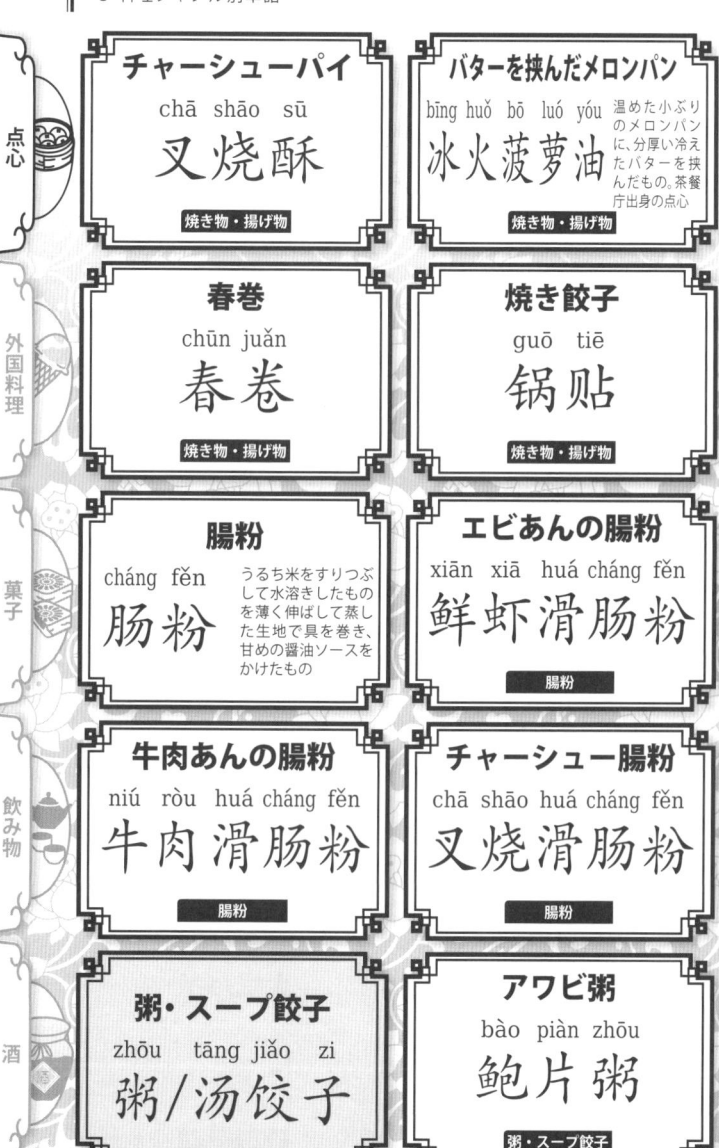

点心 / 外国料理 / 菓子 / 飲み物 / 酒

チャーシューパイ
chā shāo sū
叉烧酥
焼き物・揚げ物

バターを挟んだメロンパン
bīng huǒ bō luó yóu
冰火菠萝油
温めた小ぶりのメロンパンに、分厚い冷えたバターを挟んだもの。茶餐庁出身の点心
焼き物・揚げ物

春巻
chūn juǎn
春卷
焼き物・揚げ物

焼き餃子
guō tiē
锅贴
焼き物・揚げ物

腸粉
cháng fěn
肠粉
うるち米をすりつぶして水溶きしたものを薄く伸ばして蒸した生地で具を巻き、甘めの醤油ソースをかけたもの

エビあんの腸粉
xiān xiā huá cháng fěn
鲜虾滑肠粉
腸粉

牛肉あんの腸粉
niú ròu huá cháng fěn
牛肉滑肠粉
腸粉

チャーシュー腸粉
chā shāo huá cháng fěn
叉烧滑肠粉
腸粉

粥・スープ餃子
zhōu tāng jiǎo zi
粥/汤饺子

アワビ粥
bào piàn zhōu
鲍片粥
粥・スープ餃子

140

点心 - 飲茶

貝柱粥
yáo zhù zhōu
瑶柱粥

粥・スープ餃子

五目粥
tǐng zǎi zhōu
艇仔粥

粥・スープ餃子

白粥
bái zhōu
白粥

粥・スープ餃子

白身魚粥
yú piàn zhōu
鱼片粥

粥・スープ餃子

スープ餃子
shàng tāng shuǐ jiǎo
上汤水饺

粥・スープ餃子

ピータンと豚肉粥
pí dàn shòu ròu zhōu
皮蛋瘦肉粥

粥・スープ餃子

甘いもの
tián pǐn
甜品

おぼろ豆腐
dòu fǔ huā
豆腐花

ふるふるに柔らかくつくった温かい豆腐に、甘いシロップをかけたもの

甘味類

亀ゼリー
guī líng gāo
龟苓膏

甘味類

黒もち米のココナッツがけ
yē zhī hēi nuò mǐ
椰汁黑糯米

甘味類

タピオカココナッツミルク
yē zhī xī mǐ lù
椰汁西米露
甘味類

マンゴープリン
máng guǒ bù dīng
芒果布丁
甘味類

MEMO

外国料理

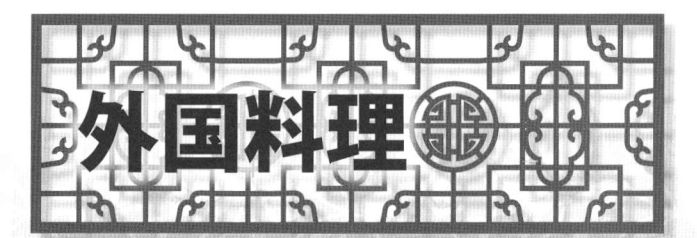

大都市ではここ数年で、外国料理の店が急増しています。

中国人の暮らしが良くなり海外旅行に出かける人が増え、中国人相手でも商売が成り立つようになったから、というのも一因だとは思います。確かに若い子を中心に中国人の姿も見かけはしますが、客の中心はやっぱり外国人です。

ならばなぜ、外国料理の店がこんなに増えたのか？私は外国人が以前と比べるとずっと気軽に起業できるようになったことが一番大きな理由だと思います。ガイジン人口が増えれば増えるほど、彼らの胃袋を満たす店が必要。それに目をつけたガイジンが飲食店を開き…というサイクルです。

よってほとんどの外国料理の店は、現地の舌に合わせるようなことはほとんどありません。盛りも本国に合わせたドカ盛りが主流です。そんな店では中国に居ながらにして「本場に近い味」が食べられるという点である意味貴重な体験でしょう。

一方、国営時代からの老舗外国料理店もわずかながらあります。北京では中ソ蜜月時代にできたロシア料理の「莫斯科餐庁」、上海は租界の頃の名店が引き継がれた店が数店舗残っており、そんな店では中国人の舌に合わせた、ちょっと独特な「西洋料理」が楽しめます。

外国料理
wài gúo liào lǐ
外国料理

イタリア料理
yì dà lì cài
意大利菜*

インド料理
yìn dù cài
印度菜*

韓国料理
hán guó cài
韩国菜*

*については欄外下参照

"菜"を"料理"と言い替えることもままあります。 例：日本菜＝日本料理

3 料理ジャンル別単語

*については欄外下参照

喫茶店	ケーキ屋
gā/kā fēi tīng 咖啡厅	xī bǐng wū 西饼屋

タイ料理	スペイン料理
tài guó cài 泰国菜*	xī bān yá cài 西班牙菜*

デリカテッセン	地中海料理
shú shí diàn 熟食店	dì zhōng hǎi cài 地中海菜*

ドイツ料理	東南アジア料理
dé guó cài 德国菜*	dōng nán yà cài 东南亚菜*

トルコ料理	日本料理
tǔ ěr qí cài 土耳其菜*	rì běn cài 日本菜*

"菜"を"料理"と言い替えることもままあります。 例:日本菜＝日本料理

外国料理

バー	パン屋
jiǔ ba	miàn bāo diàn
酒吧	面包店

ビュッフェ	ファストフード
zì zhù cān	kuài cān
自助餐	快餐

フランス料理	ベトナム料理
fǎ guó cài	yuè nán cài
法国菜*	越南菜*

焼肉店	ロシア料理
shāo kǎo diàn	é luó sī cài
烧烤店	俄罗斯菜*

前菜	スープ
kāi wèi cài	tāng
开胃菜	汤

145

3 料理ジャンル別単語

メインディッシュ	サラダ
zhǔ cài	sè lā / shā lā
主菜	色拉/沙拉

シーフード	肉料理
hǎi xiān	hūn cài
海鲜	荤菜

野菜料理	デザート
shū cài	tián pǐn
蔬菜	甜品

セットメニュー	サイドディッシュ
tào cān	xiǎo cài
套餐	小菜

ランチ	ディナー
wǔ cān	wǎn cān
午餐	晚餐

外国料理

モーニング
zǎo cān
早餐

主食
zhǔ shí
主食

MEMO

3 料理ジャンル別単語

外国料理 洋食

洋食	アイスクリーム
xī cān 西餐	bīng qí lín 冰淇淋

アイスバイン	エスカルゴ
dé guó xián zhū shǒu 德国咸猪手	lào wō niú 烙蜗牛

オードブル盛り合わせ	オニオンスープ
pīn pán 拼盘	yáng cōng tāng 洋葱汤

オニオンリング	オムレツ
yáng cōng quān 洋葱圈	jiān dàn juǎn 煎蛋卷

外国料理 — 洋食

オリーブ	ガーリックトースト
gǎn lǎn 橄榄	suàn xiāng miàn bāo 蒜香面包

カスタードプリン	カルツォーネ
jiāo táng bù dīng 焦糖布丁	bǐ sà hé 比萨盒

カレーライス	キャビア
gā lí fàn 咖喱饭	hēi yú zi 黑鱼子

クリームスープ	グリーンサラダ
nǎi yóu tāng 奶油汤	shū cài sè lā 蔬菜色拉

コーンスープ	サーロインステーキ
yù mǐ tāng 玉米汤	xī lěng niú pái 西冷牛排

3 料理ジャンル別単語

サウザンアイランド
qiān dǎo shā sī
千岛沙司

魚のグリル
jiān yú
煎鱼

サンデー
shèng dài
圣代

シーザーサラダ
kǎi sā sè lā
凯撒色拉

シェフサラダ
chú shī sè lā
厨师色拉

シャーベット
bīng shuāng
冰霜

ジャム
guǒ jiàng
果酱

シリアル
mài piàn
麦片

スクランブルエッグ
chǎo jī dàn
炒鸡蛋

ステーキ
niú pái
牛排

外国料理 — 洋食

スモークサーモン
yān xūn sān wén yú
烟熏三文鱼

ソーセージ
xiāng cháng
香肠

タンシチュー
huì niú shé
烩牛舌

チーズ
zhī shì / nǎi lào / gān lào
芝士/奶酪/干酪

チーズケーキ
zhī shì dàn gāo
芝士蛋糕

チキンカツ
zhá jī pái
炸鸡排

チキンカレー
gā lí jī
咖喱鸡

チキンコンソメ
jī tāng
鸡汤

チョコレートケーキ
qiǎo kè lì dàn gāo
巧克力蛋糕

ツナサラダ
jīn qiāng yú sè lā
金枪鱼色拉

3 料理ジャンル別単語

ティラミス
tí lā mǐ sū
提拉米苏

トースト
tǔ sī / tù sī
土司/吐司

トリュフ
sōng lù
松露

ドレッシング
shā lā jiàng   sè lā jiàng
沙拉酱/色拉酱/
yóu cù zhī
油醋汁

ニョッキ
tǔ dòu qiú
土豆球

バーベキュー
shāo kǎo
烧烤

パエリア
xī bān yá hǎi xiān fàn
西班牙海鲜饭

パスタ
yì dà lì miàn
意大利面

バター
huáng yóu   bái tuō   nǎi yóu
黄油/白脱/奶油

ハム
huǒ tuǐ
火腿

外国料理 - 洋食

パン	ハンバーグ
miàn bāo 面包	hàn bǎo 汉堡

ビーフカツ	ビーフカレー
zhá niú pái 炸牛排	gā lí niú ròu 咖喱牛肉

ビーフグーラッシュ	ビーフコンソメ
xiōng yá lì huì niú ròu 匈牙利烩牛肉	niú ròu qīng tāng 牛肉清汤

ビーフシチュー	ピザ
hóng huì niú ròu 红烩牛肉	bǐ sà / pǐ sà 比萨/匹萨

フィレステーキ	フェットチーネ
fēi lì niú pái 菲力牛排	yì shì kuān miàn 意式宽面

3 料理ジャンル別単語

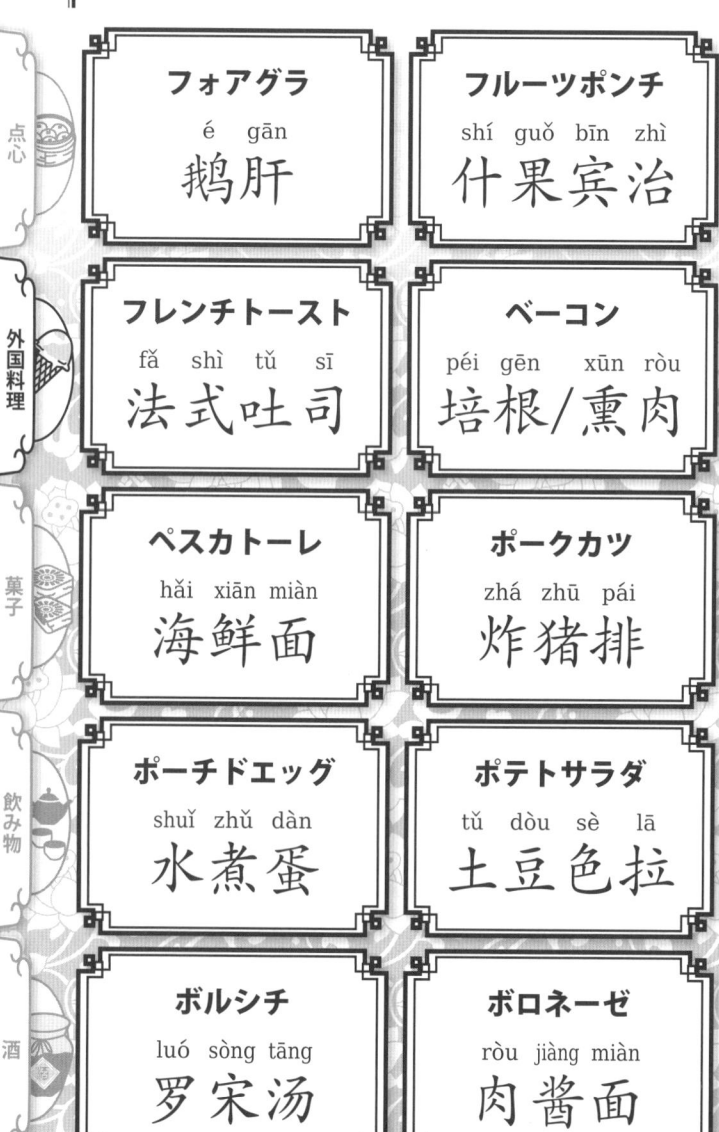

フォアグラ	フルーツポンチ
é gān 鹅肝	shí guǒ bīn zhì 什果宾治

フレンチトースト	ベーコン
fǎ shì tǔ sī 法式吐司	péi gēn　xūn ròu 培根/熏肉

ペスカトーレ	ポークカツ
hǎi xiān miàn 海鲜面	zhá zhū pái 炸猪排

ポーチドエッグ	ポテトサラダ
shuǐ zhǔ dàn 水煮蛋	tǔ dòu sè lā 土豆色拉

ボルシチ	ボロネーゼ
luó sòng tāng 罗宋汤	ròu jiàng miàn 肉酱面

外国料理 - 洋食

マカロニ	マッシュポテト
tōng xīn fěn 通心粉	tǔ dòu ní 土豆泥

マヨネーズ	ミートボール
dàn huáng jiàng / shā lā jiàng 蛋黄酱/沙拉酱	ròu wán 肉丸

ミネストローネ	目玉焼き
yì dà lì shū cài tāng 意大利蔬菜汤	jiān jī dàn 煎鸡蛋

ゆで卵	ラザニア
zhǔ jī dàn 煮鸡蛋	qiān céng miàn 千层面

ラムチョップ	リゾット
bā yáng pái 扒羊排	yì shì mǐ fàn 意式米饭

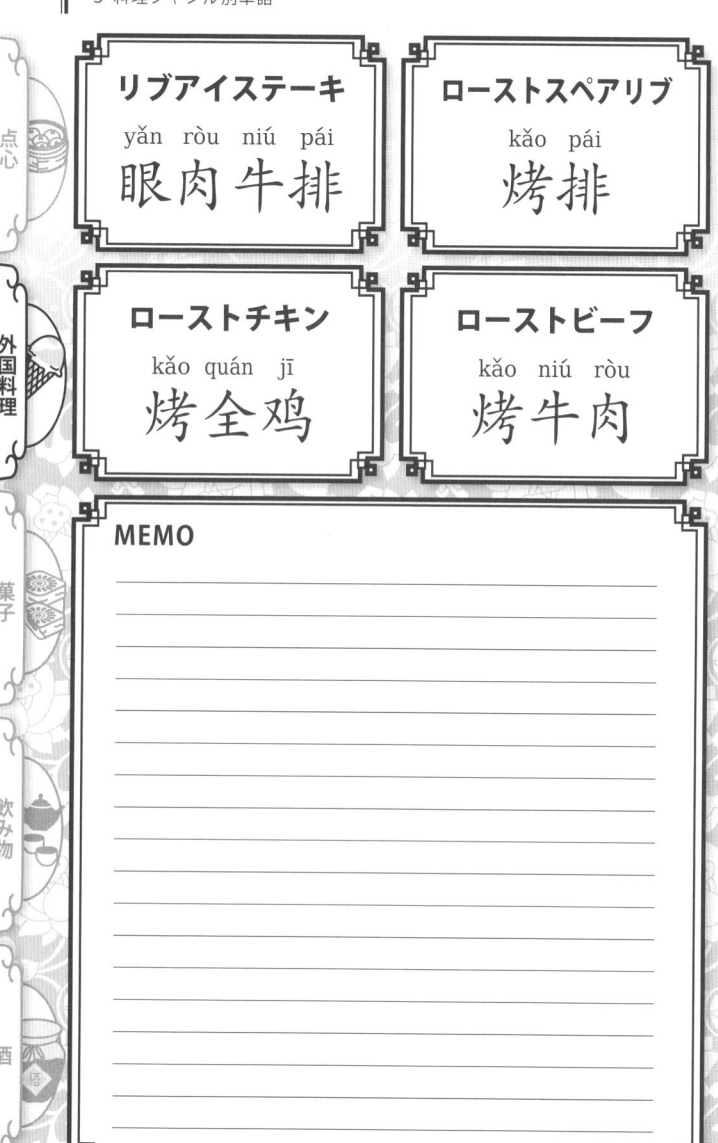

外国料理

リブアイステーキ
yǎn ròu niú pái
眼肉牛排

ローストスペアリブ
kǎo pái
烤排

ローストチキン
kǎo quán jī
烤全鸡

ローストビーフ
kǎo niú ròu
烤牛肉

MEMO

外国料理 － エスニック料理

エスニック料理 mín zú fēng wèi cān 民族风味餐	**海鮮チヂミ** hǎi xiān jiān bǐng 海鲜煎饼
カレー gā lí 咖喱	**韓国焼肉** hán guó shāo kǎo 韩国烧烤
キムチ hán guó pào cài 韩国泡菜	**クスクス** zhōng dōng mǐ fàn 中东米饭
サモサ tǔ dòu jiān bǐng 土豆煎饼	**シュラスコ** bā xī kǎo ròu 巴西烤肉

3 料理ジャンル別単語

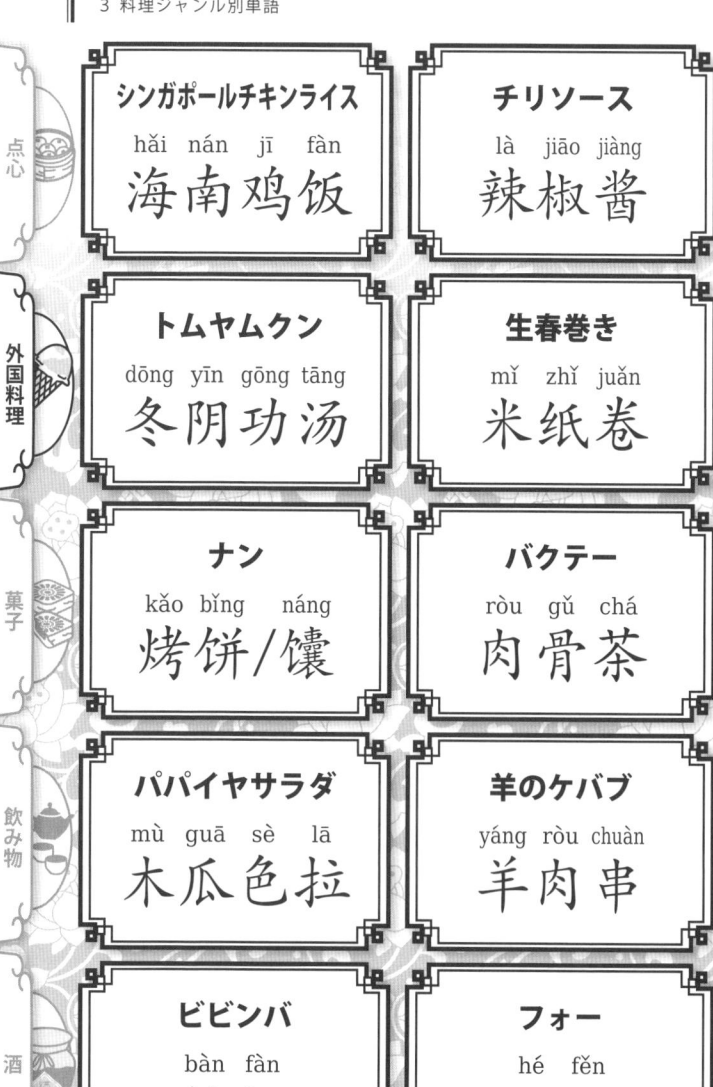

シンガポールチキンライス	チリソース
hǎi nán jī fàn 海南鸡饭	là jiāo jiàng 辣椒酱

トムヤムクン	生春巻き
dōng yīn gōng tāng 冬阴功汤	mǐ zhǐ juǎn 米纸卷

ナン	バクテー
kǎo bǐng náng 烤饼/馕	ròu gǔ chá 肉骨茶

パパイヤサラダ	羊のケバブ
mù guā sè lā 木瓜色拉	yáng ròu chuàn 羊肉串

ビビンバ	フォー
bàn fàn 拌饭	hé fěn 河粉

外国料理 — エスニック料理

ラクサ

lè shā

叻沙

冷麺

lěng miàn

冷面

MEMO

外国料理 / ファストフード

ファストフード	オニオンリング
kuài cān 快餐	yáng cōng juān 洋葱圈

クラブハウスサンド	ケチャップ
zǒng huì sān míng zhì 总会三明治	fān qié jiàng 番茄酱

サンドイッチ	シェイク
sān míng zhì 三明治	nǎi xī 奶昔

ソーセージ	ダブルバーガー
xiāng cháng 香肠	shuāng céng hàn bǎo bāo 双层汉堡包

チーズ 芝士 / 奶酪 / 干酪 zhī shì / nǎi lào / gān lào	**チーズサンド** 芝士三明治 zhī shì sān míng zhì
チーズバーガー 芝士汉堡包 zhī shì hàn bǎo bāo	**ツナサンド** 金枪鱼三明治 jīn qiāng yú sān míng zhì
ドレッシング 沙拉酱 / 色拉酱 / 油醋汁 shā lā jiàng / sè lā jiàng / yóu cù zhī	**バケットサンド** 法式三明治 fǎ shì sān míng zhì
パニーニ 意式三明治 / 帕尼尼 yì shì sān míng zhì / pà ní ní	**ハム** 火腿 huǒ tuǐ
ハムサンド 火腿三明治 huǒ tuǐ sān míng zhì	**ハンバーガー** 汉堡包 hàn bǎo bāo

外国料理

ピクルス
suān huáng guā
酸黄瓜

ピザ
bǐ sà / pǐ sà
比萨 / 匹萨

フィッシュバーガー
yú pái hàn bǎo
鱼排汉堡

フライドチキン
zhá jī kuài
炸鸡块

フライドポテト
zhá shǔ tiáo
炸薯条

ベーグル
bèi guǒ
贝果

ベーコン
péi gēn / xūn ròu
培根 / 熏肉

ホットドッグ
rè gǒu
热狗

マヨネーズ
dàn huáng jiàng / shā lā jiàng
蛋黄酱 / 沙拉酱

MEMO

外国料理 - 日本料理

日本料理	～の塩焼き
rì běn cài 日本菜	yán kǎo 盐烤～

～の味噌煮	揚げ出し豆腐
jiàng zhǔ 酱煮～	zhá dòu fǔ 炸豆腐

厚焼き玉子	うどん
jī dàn juǎn 鸡蛋卷	wū dōng miàn 乌冬面

うなぎの蒲焼	枝豆
kǎo mán yú 烤鳗鱼	zhǔ máo dòu 煮毛豆

3 料理ジャンル別単語

エビフライ	**大阪鮨**
zhá dà xiā	dà bǎn shòu sī
炸大虾	大阪寿司

おから	**お茶漬け**
dòu zhā	pào fàn
豆渣	泡饭

おでん	**おにぎり**
áo diǎn / guān dōng zhǔ	fàn tuán
熬点/关东煮	饭团

オムライス	**カツ丼**
dàn bāo fàn	zhū pái gài fàn
蛋包饭	猪排盖饭

カリフォルニアロール	**カレーライス**
jiā zhōu juǎn	gā lí fàn
加州卷	咖喱饭

外国料理 — 日本料理

牛丼

niú ròu gài fàn
牛肉盖饭

ご飯

bái mǐ fàn
白米饭

刺身

cì shēn　shēng yú piàn
刺身/生鱼片

ざるうどん

wū dōng lěng miàn
乌冬冷面

ざるそば

qiáo mài lěng miàn
荞麦冷面

しゃぶしゃぶ

shuàn niú ròu
涮牛肉

吸い物

qīng tāng
清汤

すき焼き

jī sù shāo
鸡素烧

寿司

shòu sī
寿司

雑炊

pào fàn
泡饭

3 料理ジャンル別単語

日本そば	**茶碗蒸し**
qiáo mài miàn	rì shì zhēng dàn
荞麦面	日式蒸蛋

漬物	**定食**
rì shì jiàng cài	tào cān
日式酱菜	套餐

鉄板焼き	**天ぷら**
tiě bǎn shāo	tiān fū luó
铁板烧	天麸罗

鶏の竜田揚げ	**とんかつ**
rì shì zhá jī kuài	zhá zhū pái
日式炸鸡块	炸猪排

納豆	**肉じゃが**
nà dòu	niú ròu dùn tǔ dòu
纳豆	牛肉炖土豆

外国料理 — 日本料理

冷や奴
lěng dòu fǔ
冷豆腐

巻きずし
shòu sī juǎn
寿司卷

味噌汁
jiàng tāng
酱汤

焼きうどん
chǎo wū dōng miàn
炒乌冬面

焼き魚
kǎo yú
烤鱼

焼き鳥
jī ròu chuàn
鸡肉串

寄せ鍋
rì shì huǒ guō
日式火锅

ラーメン
rì shì lā miàn
日式拉面

MEMO

3 料理ジャンル別単語

菓子 中国菓子

　お正月の花びら餅、端午のちまき、お彼岸のおはぎなど、和菓子が季節の行事と切り離せないのと同じく、中国菓子も行事と密接に結びついているものの多いのが特徴です。

　日本で一番知られているのは**中秋節の月餅**でしょう。中国では中秋節前1ヵ月にもなると、街中に月餅予約のチラシが見られます。最近では**ハーゲンダッツのアイスクリーム月餅、スターバックスのコーヒー味月餅**などの変わり種も続々登場し、月餅に名を借りた高級贈答品の過熱ぶりには政府も対策に乗り出したほどでした。

　月餅に比べると日本人にとっては地味な存在ながら、その土地の人にとっては欠かせないお菓子も多々あります。いずれも月餅と同じく期間限定のものばかり。そんな時は老舗菓子店には大抵行列ができていますので、列に加わってみるのもまた一興です。

　日本のような甘味処が多いのは、**お菓子の種類が多い広東語圏です。香港ではそんなお店の食べ歩きも可能ですが、中国大陸ではお菓子はテイクアウトが主流なので、残念ながら甘味処はかなり少ないのが現状**。だからこそテイクアウトのお店を見つけたら、ぜひのぞいてみてください。

汁物
tāng lèi
汤类

杏仁汁粉
南 杏仁露 xìng rén lù
北 杏仁茶 xìng rén chá
温冷　汁物

杏仁をすりつぶし、漉してから水で伸ばして砂糖と共に煮詰めた香り高いお汁粉

杏仁豆腐
xìng rén dòu fu
杏仁豆腐

元は宮廷のお菓子。本式は杏仁をすりつぶし、寒天で固めたもの

北　冷　汁物

お汁粉
hóng dòu tāng
红豆汤

日本のお汁粉よりはさらっとしていて甘さも控えめ。白玉やナツメなどを入れることも

全　温冷　汁物

菓子 - 中国菓子

かき氷

bào bīng
刨冰
台湾のかき氷はとにかくでかく種類が豊富、氷もきめ細やかで特に有名

南 冷 汁物

xuě huā bīng
雪花冰
台湾独自のかき氷。水ではなく牛乳を凍らせてつくるため、非常に口当たりがなめらか

南 冷 汁物

亀ゼリー

guī líng gāo
亀苓膏
亀の腹甲と漢方薬を煮だしてつくるゼリー。様々な薬効がある

南 冷 汁物

宮廷風ミルクプリン

nǎi lào
奶酪
もち米酒、牛乳、砂糖で作られるが、酒の風味はほとんどしないあっさり味

北 冷 汁物

くるみ汁粉

hé táo lào
核桃酪
クルミの粉を水でのばし、砂糖を加え温めて軽くとろみをつけたもの

北 温 汁物

黒胡麻汁粉

zhī má hú
芝麻糊
すりゴマを水でのばし、温めて軽くとろみをつける。冬に良いとされ、滋養を兼ねて食べられる

南 温 汁物

ショウガミルクプリン

jiāng zhī zhuàng nǎi
姜汁撞奶
ショウガの絞り汁に温めた砂糖入り牛乳を注ぎ、ふるふるに固める不思議なお菓子

南 温冷 汁物

白玉入り甘酒

jiǔ niàng yuán zi
酒酿园子
甘酒でつくった甘いスープに小さな白玉を浮かべたもの。冬のお菓子

南 温 汁物

仙草ゼリー

liáng fěn
凉粉
香港で涼粉と呼ばれる寒天状のものを冷やし固める。ほろ苦いのでシロップをかけて

南 冷 汁物

タピオカココナッツミルク

xī mǐ lù
西米露
日本でもお馴染み中華デザート。季節のフルーツを入れることも

南 温冷 汁物

169

3 料理ジャンル別単語

タピオカプリン
xī mǐ bù dīng
西米布丁
卵プリンにゆでたタピオカを入れ、オーブンで焼く。あんこが入る店もある
南 温冷 汁物

タピオカミルクティー
zhēn zhū nǎi chá
珍珠奶茶
日本ではアイスが知られているけど、実はホットもある
南 温冷 汁物

卵プリン
dùn dàn
炖蛋
香港では結構むかしから食べられているおなじみプリン。卵が多くて固めの仕上がり
南 温冷 汁物

豆腐花
dòu fu huā
豆腐花
ふるふるのお豆腐にフルーツや豆を乗せ、シロップをかける
南 温冷 汁物

ピーナッツ汁粉
huā shēng lù
花生露
ピーナッツペーストでこってり、とろりとしたお汁粉
南 温 汁物

フルーツスープ
shuǐ guǒ gēng
水果羹
季節の果物をシロップでさっと煮たもの。温かくして食べることが多い
南 温冷 汁物

豆汁粉
zhā zuó
渣昨
広東料理圏独特の、様々な豆を煮たお汁粉
南 温 汁物

マンゴープリン
máng guǒ bù dīng
芒果布丁
マンゴーの季節にはぜひ食べたいお馴染みデザート
南 冷 汁物

ミルクプリン
dùn xiān nǎi
炖鲜奶／
shuāng pí nǎi
双皮奶
香港のデザート。卵白だけを使っているので白い
南 温冷 汁物

緑豆汁粉
lù dòu tāng
绿豆汤
暑さを払う緑豆を使うため、夏に食べられることが多い
全 温冷 汁物

170

菓子 ー 中国菓子

ゆで白玉団子

tāng tuán
汤团
上海周辺の江南地方での呼び名。もち米に水を加えて石臼ですりつぶした生地に黒胡麻やひき肉あんを包んでゆでる

南　温　汁物

tāng yuán
汤圆
全国的な呼び名。代表的な黒胡麻以外に、ピーナッツ、あずきあんなども包む

南　温　汁物

yuán xiāo
元宵
元宵節（旧暦1月15日）に食べられることからついた、北方での呼び名。荒く砕いたもち米ざるに入れ、あんを転がしてまぶすという方法でつくられる

北　温　汁物

蒸し物

zhēng lèi
蒸类

あん入りういろう

chóng yáng gāo
重阳糕
重陽節（旧暦9月9日）に食べられるお菓子。もち粉、うるち粉でつくった生地と小豆あんを重ね蒸し、ドライフルーツで華やかに飾る

全　蒸し物

あん巻きのきなこまぶし

lú dǎ gǔn
驴打滚
もち米の生地できなこあんを巻き、きなこをまぶしたもの。北京銘菓

北　蒸し物

あんまん

dòu shā bāo
豆沙包
ラードもしくはごま油で炒めたこくのある小豆あん

全　蒸し物

カスタードまん

nǎi huáng bāo
奶黄包／
nǎi huáng bāo
奶皇包
カスタードパウダーでつくったカスタードが入っている。塩漬け卵の黄身が入ることもある

南　蒸し物

クワイういろう

mǎ tí gāo
马蹄糕
クワイ粉に砂糖と水を加え蒸してつくる

南　蒸し物

米粉の蒸しカステラ

sōng gāo
松糕
もち米、うるち米の粉でつくられる江南地方の銘菓

南　蒸し物

171

3 料理ジャンル別単語

サンドケーキ
qiān céng gāo
千层糕
小麦粉でつくった生地を主体に、異なる生地を何層にも重ねて蒸した菓子
北 / 蒸し物

なつめあん入り餅菓子
ài wō wō
艾窝窝 /
ài wō wō
爱窝窝
もち米を荒く砕いた生地になつめやナッツで作ったあんを包んで蒸し上げる。北京銘菓
北 / 蒸し物

蓮の実あんまん
lián róng bāo
莲蓉包
蓮の実の餡は小豆あんよりも高級とされている。上品な甘さ
南 / 蒸し物

八宝飯
bā bǎo fàn
八宝饭
蒸したもち米に小豆あんを詰め、ドライフルーツで飾って蒸したもの。年越しやお祝いの席に出されることが多い
全 / 蒸し物

蒸しカステラ
mǎ lā gāo
马拉糕
飲茶店の必須メニュー。小麦粉、卵、砂糖、ラード、バターなどを合わせて3日置き発酵させてから蒸すのが本式
南 / 蒸し物

桃まんじゅう
shòu táo
寿桃
蓮の実餡、小豆あんなどを包み桃の形に成形する。長寿のお祝いに欠かせないお菓子
全 / 蒸し物

よもぎ団子
qīng tuán
青团
よもぎや若葉の餅生地であんこを包んだもの。江南地方の清明節に欠かせないお菓子
南 / 蒸し物

緑豆のお菓子
lǜ dòu gāo
绿豆糕
江南地方のお菓子。緑豆粉の生地にあずきあんを包み、型で抜いて蒸す
南 / 蒸し物

オーブン物
kǎo lèi
烤类

エッグタルト
dàn tà
蛋挞
ポルトガル起源のお菓子がマカオに定着し、のち香港に伝わった。マカオ式は焼き色があるが、香港式には焼き色がない
南 / オーブン物

172

菓子 － 中国菓子

月餅
yuè bǐng
月饼

中秋節（旧暦8月15日）には欠かせないお菓子。日本で売られるのは主に広式（広東式）だが、京式、蘇式、徽式など地方ごとに特色が異なる

全 オーブン物

なつめあんのパイ
zǎo ní sū
枣泥酥

干しナツメのあんを小麦粉の生地で包み焼き上げたパイ

南 オーブン物

パイナップルパンのバターサンド
bīng huǒ bō luó yóu
冰火菠萝油

クッキー生地を乗せて焼いた丸いパンを温め、冷えたバターの厚切りを挟んだもの。香港の茶餐厅で見られる

南 オーブン物

揚げ物
zhá lèi
炸类

ごま団子
zhī má tuán
芝麻团

日本で最も知られている中国菓子のひとつ。もち米生地にあずき餡を包み、白ゴマをまぶして油で揚げる

南 揚げ物

中国ドーナッツ
kāi kǒu xiào
开口笑

沖縄のサーターアンダーギーにそっくりの見た目。白ゴマをまぶして揚げたものが多い

北 揚げ物

中国風おこし
sà qí mǎ
萨其马

元は満州族のお菓子。小麦粉の生地を細く棒状にし、成形して揚げたものに糖蜜をまぶす

北 揚げ物

ねじりん棒
má huā
麻花

ほのかに甘い小麦粉の生地を縄状にねじって揚げたもの。天津の名物で、色とりどりの砂糖をまぶした華やかなものもある

北 揚げ物

ゆで物
煮类

ゴマまぶし白玉
léi shā yuán
擂沙圆

上海銘菓。ゆでたゴマあん入り白玉団子に、小豆あんの粉をまぶしたもの

南 ゆで物

3 料理ジャンル別単語

ピーナッツ団子
huā shēng táng bù shuǎi
花生糖不甩
広東語圏のお菓子。ゆでた白玉団子に糖蜜をまぶし、砕いたピーナッツをまぶしたもの
南 / ゆで物

その他
qí tā
其他

かぼちゃ餅
nán guā bǐng
南瓜饼
蒸したかぼちゃ、小麦粉、砂糖を合わせてつくった生地を丸め、油焼きしたもの
南 / その他

サンザシの飴がけ
táng hú lú
糖葫芦
元は天津のお菓子だが、北京など北方の冬の風物詩と言えるほどよく食べられるお菓子。サンザシ以外にはヤマイモ、ナツメ、みかんなども使う
北 / その他

山東風カスタード
sān bù zhān
三不粘
箸、皿、歯につかない不思議な食感から名付けられたお菓子。大量の油で水溶き緑豆粉、砂糖、卵黄を炒めてつくる
北 / その他

中国風あん巻き
dòu shā guō bǐng
豆沙锅饼
薄く焼いた小麦粉の生地で小豆あんを巻き、油焼きしたもの
南 / その他

バナナの飴がけ
bá sī xiāng jiāo
拔丝香蕉
りんごの飴がけをバナナに替えたもの
北 / その他

ヤマイモの飴がけ
bá sī shān yào
拔丝山药
りんごの飴がけをヤマイモに替えたもの。中国ではヤマイモをお菓子に使うことが多い
北 / その他

りんごの飴がけ
bá sī píng guǒ
拔丝苹果
北京料理のデザートの代表格。衣揚げしたりんごを飴がけし、食べる時に冷たい水にくぐらせ飴を切る
北 / その他

MEMO

菓子 — 洋菓子・パン・スナック菓子

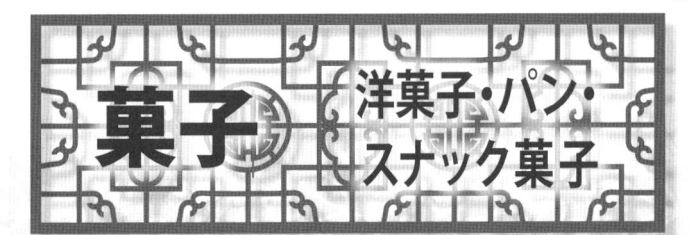

　中国で洋菓子とは、あまりピンと来ないかもしれませんが、**上海など、かつて外国人が多く暮らしていた街には、洋菓子を食べる習慣が根付いています。**

　とはいえ昔ながらの洋菓子は日本人から見ると中華菓子なのか洋菓子なのかわからない、というほど中国ナイズされているものもしばしばで、それがまた面白かったりもします。そういう洋菓子は、再開発されていないような昔ながらの佇まいを残した地域でよく見かけます。

　一方香港・台湾資本の洋菓子チェーンの進出で、10数年前から「ちょっとハイカラ」なお菓子も目にするようになってきました。が、こちらもどこか素朴、悪く言えば野暮ったく、とっても身体に悪そうな、不自然に白い生クリームもどきのデコレーションが特徴です。

　しかしここ数年で大都市の洋菓子事情は一気に進んだようです。**ハーゲンダッツは月餅まで出すほどの浸透ぶり**、ミスタードーナッツからゴディバ、はてはクリスピークリームドーナツまで、「まさか（中国には）ないよね？」と思う店まで発見してしまうほどです。

　そういう店で日本との味の違いを楽しむのもまたよし、ドローカルな店で見た目怪しい洋菓子もどきを恐る恐る買ってみるのもまたよし。甘党ならば中国菓子のみならず、洋菓子の世界にもぜひ足を踏み入れてみてください。

　パンも意外と食べられています。特に上海は租界時代の影響から、「うちは昔から朝はパン食」という人も決して少なくありません。

　その他の地方にもパン屋は増殖中。とはいえ食パンやバケットなどのいわゆる「食事パン」よりも、デニッシュペストリー系の甘かったり上におかずが乗ったパンのほうが人気です。**豚肉のでんぶが乗ったパンは、パン屋ならほぼ確実に売っている中華圏独特のものです。**

　また**中国のパンは生地が甘いのが特徴で、これもパンが主食というよりもおやつの感覚が強いせいかもしれません**。とはいえ香港、台湾のパンもいったいに甘みが強いようなので、これも中華圏の特徴なのかもしれません。

　一方スナック系菓子。中国の子供もご多分に漏れず大好きですので、住宅街の雑貨店からコンビニ、スーパーまで、スナック菓子の棚はいつも色とりどりのパッケージでうめつくされています。奇食好きの人の心を必ず奪うであろうカテゴリーでもあり、特に**ポテトチップスの種類の豊富さは意外に感じられる**かもしれません。

　グリコ、ロッテ、不二家などの日本のメーカーのオリジナル製品もたくさんあるので、日本へのおみやげにもうってつけ。とはいえお店の管理が悪い場合もあるので、心配な人は大きなスーパーや日系のコンビニで買えばいいとおもいます。

3 料理ジャンル別単語

洋菓子	アイスクリーム
xī diǎn	bīng qí lín
西点	冰淇淋

アップルパイ	エクレア
píng guǒ pài	hǎ dòu / shǎn diàn pào fù
苹果派	哈斗/闪电泡芙

カスタードクリーム	カップケーキ
kǎ shì dá jiàng	xiǎo bēi dàn gāo
卡士达酱	小杯蛋糕

キルシュトルテ	クッキー
hēi sēn lín	qū qí
黑森林	曲奇

クレープ	ジェラート
fǎ shì báo bǐng	yì dà lì bīng qí lín
法式薄饼	意大利冰淇淋

菓子 — 洋菓子・パン・スナック菓子

シフォンケーキ	シャーベット
mián huā dàn gāo 棉花蛋糕	bīng shuāng 冰霜

シュークリーム	ショートケーキ
nǎi yóu pào fù 奶油泡芙	nǎi yóu dàn gāo 奶油蛋糕

スフレ	スポンジケーキ
shū fú lěi 舒扶蕾	hǎi mián dàn gāo 海绵蛋糕

ゼリー	ソーダクラッカー
guǒ dòng 果冻	sū dǎ bǐng gān 苏打饼干

タルト	チーズケーキ
tà　tǎ 挞/塔	zhī shì dàn gāo 芝士蛋糕

177

3 料理ジャンル別単語

チュイール wǎ piàn 瓦片	チョコレート qiǎo kè lì　zhū gǔ lì 巧克力/朱古力
チョコレートケーキ qiǎo kè lì dàn gāo 巧克力蛋糕	ティラミス tí lā mǐ sū 提拉米苏
デコレーションケーキ huā shì dàn gāo 花式蛋糕	ドーナッツ tián tián quān 甜甜圈
ナポレオンパイ ná pò lún 拿破仑	バースデーケーキ shēng rì dàn gāo 生日蛋糕
バームクーヘン qiān céng dàn gāo 千层蛋糕	パイ pài 派

菓子 — 洋菓子・パン・スナック菓子

バターケーキ	ババロア
niú yóu dàn gāo	bā bā luó
牛油蛋糕	巴巴罗

パルミエ	パンケーキ
hú dié sū	báo bǐng
蝴蝶酥	薄饼

パンプディング	ビスケット
miàn bāo bù dīng	bǐng gān
面包布丁	饼干

ブラウニー	プリン
bù lǎng ní	bù dīng
布朗尼	布丁

ホイップクリーム	マカロン
guàn nǎi yóu	mǎ kǎ lóng
掼奶油	马卡龙

3 料理ジャンル別単語

マフィン	マロンシャンテリー
mǎ fēn sōng bǐng 玛芬/松饼	xiān nǎi lì zǐ dàn gāo 鲜奶栗子蛋糕

ミルフィーユ	ムース
qiān céng pài 千层派	mù sī 慕斯

ヨーグルト	ワッフル
suān nǎi 酸奶	huá fū bǐng 华夫饼

パン	あんパン
miàn bāo 面包	dòu shā miàn bāo 豆沙面包

クロワッサン	食パン
yáng jiǎo 羊角	tǔ sī miàn bāo 土司面包

菓子 — 洋菓子・パン・スナック菓子

全粒粉パン	デニッシュペストリー
quán mài miàn bāo	dān mài miàn bāo
全麦面包	丹麦面包

バケット	フレンチペストリー
cháng gùn miàn bāo	fǎ shì miàn bāo
长棍面包	法式面包

ライ麦パン	スナック菓子
hēi mài miàn bāo	líng shí
黑麦面包	零食

アイスキャンディー	アメ
bīng gùn	táng
冰棍	糖

ガム	グミ
kǒu xiāng táng	xiàng pí táng
口香糖	橡皮糖

3 料理ジャンル別単語

ビーフジャーキー
niú ròu gān
牛肉干

ポークジャーキー
zhū ròu gān
猪肉干

ポップコーン
bào yù mǐ
爆玉米

ポテトチップ
shǔ piàn
薯片

MEMO

飲み物 — 中国茶

緑茶
lǜ chá
绿茶 不発酵茶

龍井茶
lóng jǐng chá
龙井茶 浙江省杭州市特産。中国を代表する緑茶とされている
緑茶

碧螺春
bì luó chūn
碧螺春 江蘇省太湖の洞庭山産。龍井茶とならぶ代表的緑茶
緑茶

毛峰
máo fēng
毛锋 安徽省の名山、黄山産
緑茶

青茶
qīng chá
青茶 半発酵茶

烏龍茶
wū lóng chá
乌龙茶 青茶の総称
青茶

鉄観音
tiě guān yīn
铁观音 茶葉が丸まっているのが特徴
青茶

水仙
shuǐ xiān
水仙 広東省、福建省で生産される。比較的淡白
青茶

3 料理ジャンル別単語

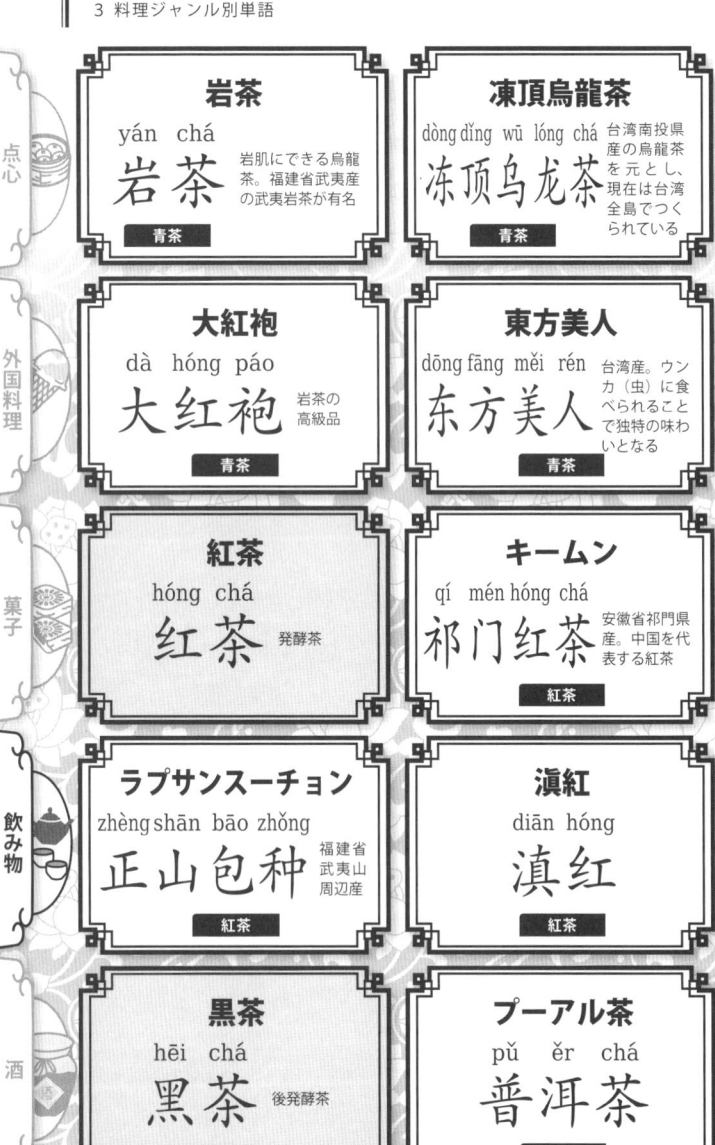

岩茶
yán chá
岩茶
岩肌にできる烏龍茶。福建省武夷産の武夷岩茶が有名
青茶

凍頂烏龍茶
dòng dǐng wū lóng chá
冻顶乌龙茶
台湾南投県産の烏龍茶を元とし、現在は台湾全島でつくられている
青茶

大紅袍
dà hóng páo
大红袍
岩茶の高級品
青茶

東方美人
dōng fāng měi rén
东方美人
台湾産。ウンカ（虫）に食べられることで独特の味わいとなる
青茶

紅茶
hóng chá
红茶
発酵茶

キームン
qí mén hóng chá
祁门红茶
安徽省祁門県産。中国を代表する紅茶
紅茶

ラプサンスーチョン
zhèng shān bāo zhǒng
正山包种
福建省武夷山周辺産
紅茶

滇紅
diān hóng
滇红
紅茶

黒茶
hēi chá
黑茶
後発酵茶

プーアル茶
pǔ ěr chá
普洱茶
黒茶

飲み物 — 中国茶

白茶
bái chá
白茶 微発酵茶

白毫銀針
bái hào yín zhēn
白毫銀針
白茶

黄茶
huáng chá
黄茶 後微発酵茶

君山銀針
jūn shān yín zhēn
君山銀针
黄茶

花茶
huā chá
花茶
茶葉に花の香りをつけたもの、もしくは花を乾燥させたもの

ジャスミン茶
mò lì huā chá
茉莉花茶/
xiāng piàn
香片
花茶

主に北方でよく飲まれる。良品は茶葉に花を揉み込み香りをうつすため、茶葉の中に花は見られない

菊花茶
jú huā chá
菊花茶
花茶

菊花を乾燥させたもの。利尿効果がある

キンモクセイ茶
guì huā chá
桂花茶
花茶

キンモクセイの花を乾燥させたもの。主に香りづけに用いられる

ハイビスカス茶
méi guī qié
玫瑰茄
花茶

広東、広西、雲南などで生育し、広く愛用されている

MEMO

185

3 料理ジャンル別単語

茶外茶
chá wài chá
茶外茶 その他の茶

八宝茶
bā bǎo chá
八宝茶
回教徒が住む地区でよく飲まれる、菊花茶をベースにクコ、龍眼、人参、氷砂糖などの薬効があるものをブレンドした健康茶

茶外茶

苦丁茶
kǔ dīng chá
苦丁茶
名前の通り苦味がある健康茶。風邪、解熱、健胃健腸に効果があるとされる

茶外茶

工芸茶
gōng yì chá
工艺茶
茶葉を束ねて成形し、お湯を注ぐと中から花茶が咲くように加工されたお茶。茶葉は主にジャスミン茶を用いる

茶外茶

麦茶
dà mài chá
大麦茶
江南地方で古くから飲まれている。日本と同様、煮出して飲む。味もほぼ同じ

茶外茶

サンザシ茶
shān zhā chá
山楂茶
サンザシを薄くスライスし、乾燥させたもの。ビタミンCが豊富

茶外茶

フルーツティー
shuǐ guǒ chá
水果茶
乾燥したフルーツでいれるもの、紅茶にフレッシュフルーツを加えたものの2通りがある

茶外茶

中国茶器
chá jù
茶具

茶杓
chá sháo
茶勺
茶筒から茶を取り出すときに使う匙

中国茶器

茶則
chá zé
茶则
茶筒から茶を取り出すときに使う匙

中国茶器

飲み物 — 中国茶

茶挟
chá jiā
茶夹
温めた茶杯を取り出すためのピンセットのような形をした用具
中国茶器

則容
zé róng
则容
細かい茶道具を収める筒型の容器
中国茶器

茶漏
chá lòu
茶漏
茶葉を急須に入れるときに乗せる漏斗状の用具
中国茶器

茶通
chá tōng
茶通
急須の注ぎ口に茶葉が詰まった時に使う用具
中国茶器

茶匙
chá chí
茶匙
お湯を急須に注いだ時に出る泡を切ったり、小さな急須に茶葉を入れるときに使う用具
中国茶器

急須
chá hú
茶壶
中国茶器

茶碗
chá bēi
茶杯
中国茶器

蓋碗
gài wǎn
盖碗
フタ付きの湯のみ。工夫茶の際急須がわりに使うこともある
中国茶器

茶海
chá hǎi
茶海
供する茶の濃度を一定にするため、急須でいれた茶を移すピッチャー
中国茶器

聞香杯
wén xiāng bēi
闻香杯
青茶の香りをかぐための縦長の杯
中国茶器

187

3 料理ジャンル別単語

茶盤
chá pán
茶盘
茶道具に湯をかけて器を温めるとき、その湯を受ける盤
中国茶器

茶船
chá chuán
茶船
中国茶をいれる際、お湯をこぼす茶道具
中国茶器

中国茶道（工夫茶）
gōng fū chá
功夫茶
青茶をいれる手法を指す
中国茶器

MEMO

MEMO

飲み物-ソフトドリンク

コーヒー
kā fēi
咖啡

アイスコーヒー
bīng kā fēi
冰咖啡
コーヒー

アイリッシュコーヒー
ài ěr lán kā fēi
爱尔兰咖啡
コーヒー

インスタントコーヒー
sù róng kā fēi
速溶咖啡
コーヒー

ウインナーコーヒー
wéi yě nà kā fēi
维也纳咖啡
コーヒー

エスプレッソ
nóng suō kā fēi
浓缩咖啡
コーヒー

カフェラテ
ná tiě
拿铁
コーヒー

カプチーノ
kǎ bù qí nuò
卡布其诺/
kǎ bù qiē nuò
卡布切诺
コーヒー

3 料理ジャンル別単語

コロンビア
gē lún bǐ yà
哥伦比亚
コーヒー

ハワイコナ
xià wēi yí kē nà
夏威夷科纳
コーヒー

ブラジル
bā xī
巴西
コーヒー

ブラックコーヒー
qīng kā fēi
清咖啡
コーヒー

ブルーマウンテン
lán shān
蓝山
コーヒー

モカ
mó kǎ
摩卡
コーヒー

紅茶
hóng chá
红茶

アールグレー
bó jué chá
伯爵茶
紅茶

アイスティー
bīng hóng chá
冰红茶
紅茶

アッサム
ā sà mǔ
啊萨姆
紅茶

190

飲み物－ソフトドリンク

アップルティー
píng guǒ chá
苹果茶
紅茶

ウバ
wū bā
乌巴
紅茶

ダージリン
dà jí lǐng
大吉岭
紅茶

アフタヌーンティー
xià wǔ chá
下午茶
英国式のものにならって、点心を中国茶に添えた中国式も流行している
紅茶

オシドリ茶
yuān yāng chá
鸳鸯茶
香港の茶餐庁で出される、コーヒーとミルクティーをブレンドした飲み物
紅茶

タピオカミルクティー
zhēn zhū nǎi chá
珍珠奶茶
紅茶

フルーツティー
shuǐ guǒ chá
水果茶
紅茶にフルーツジュース、カットフルーツを加え温めたお茶
紅茶

ミルクティー
nǎi chá
奶茶
紅茶

ゆず茶
yòu zǐ chá
柚子茶
紅茶

レモンティー
níng méng chá
柠檬茶
紅茶

3 料理ジャンル別単語

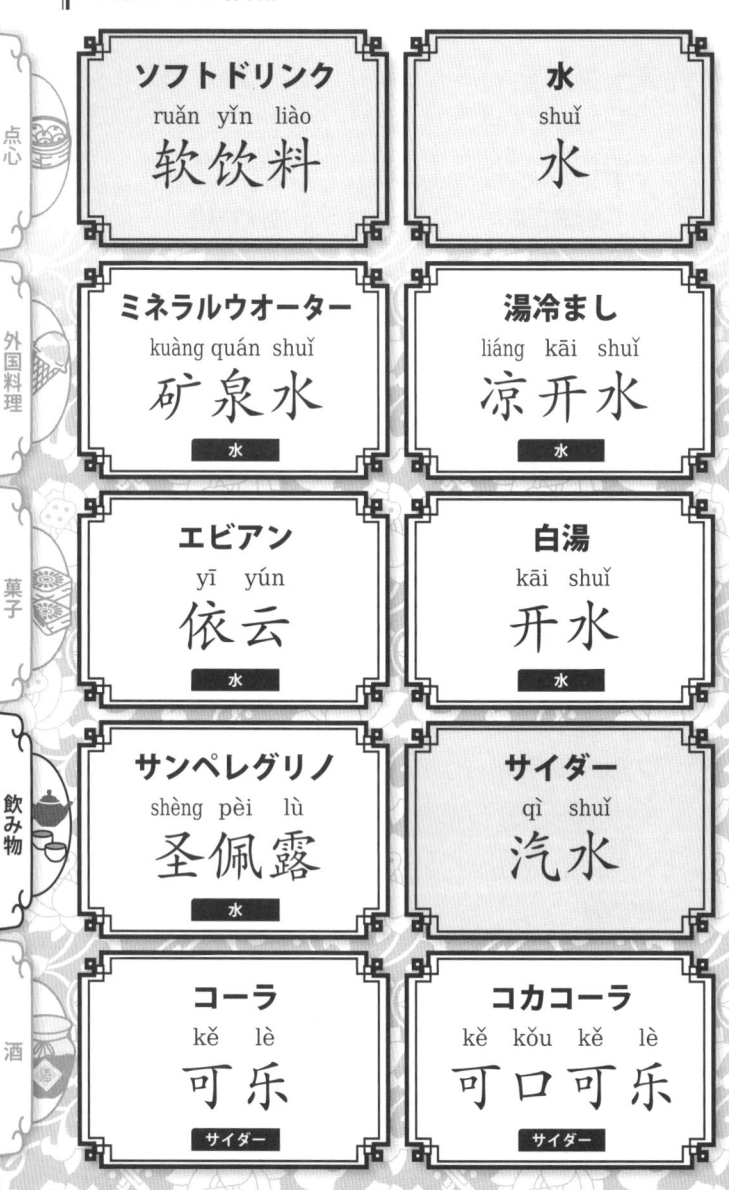

ソフトドリンク	水
ruǎn yǐn liào	shuǐ
软饮料	水

ミネラルウオーター	湯冷まし
kuàng quán shuǐ	liáng kāi shuǐ
矿泉水	凉开水
水	水

エビアン	白湯
yī yún	kāi shuǐ
依云	开水
水	水

サンペレグリノ	サイダー
shèng pèi lù	qì shuǐ
圣佩露	汽水
水	

コーラ	コカコーラ
kě lè	kě kǒu kě lè
可乐	可口可乐
サイダー	サイダー

飲み物ーソフトドリンク

ジンジャーエール
gān jiāng shuǐ
干姜水
サイダー

スプライト
xuě bì
雪碧
サイダー

セブンアップ
qī xǐ
七喜
サイダー

ソーダ水
sū dǎ shuǐ
苏打水
サイダー

トニックウオーター
tāng lì shuǐ
汤力水
サイダー

ファンタ
fēn dá
芬达
サイダー

ペプシコーラ
bǎi shì kě lè
百事可乐
サイダー

ジュース
guǒ zhī
果汁

アップルジュース
píng guǒ zhī
苹果汁
ジュース

オレンジジュース
chéng zhī
橙汁
ジュース

3 料理ジャンル別単語

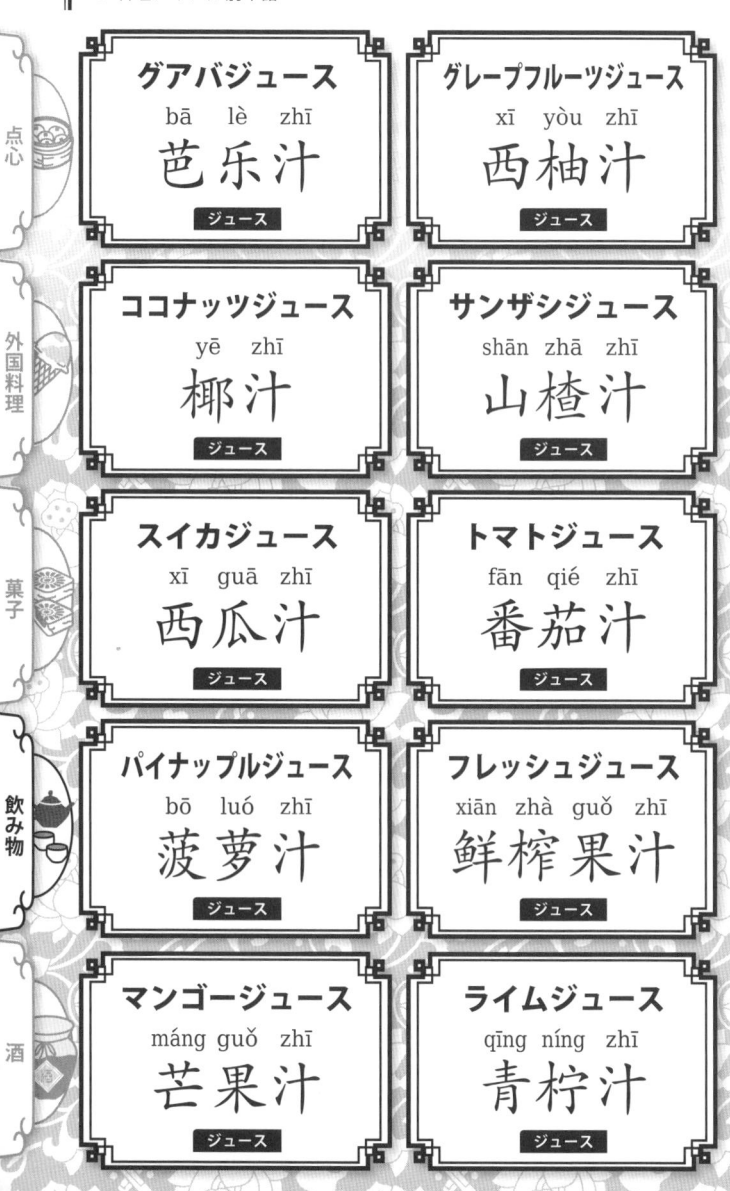

グアバジュース
bā lè zhī
芭乐汁
ジュース

グレープフルーツジュース
xī yòu zhī
西柚汁
ジュース

ココナッツジュース
yē zhī
椰汁
ジュース

サンザシジュース
shān zhā zhī
山楂汁
ジュース

スイカジュース
xī guā zhī
西瓜汁
ジュース

トマトジュース
fān qié zhī
番茄汁
ジュース

パイナップルジュース
bō luó zhī
菠萝汁
ジュース

フレッシュジュース
xiān zhà guǒ zhī
鲜榨果汁
ジュース

マンゴージュース
máng guǒ zhī
芒果汁
ジュース

ライムジュース
qīng níng zhī
青柠汁
ジュース

飲み物－ソフトドリンク

レモンジュース	牛乳
níng méng zhī	niú nǎi
柠檬汁	牛奶
ジュース	ソフトドリンク

豆乳	ヨーグルト
dòu jiāng	suān nǎi
豆浆	酸奶
ソフトドリンク	ソフトドリンク

ココア	ミルクセーキ
kě kě	nǎi xī
可可	奶昔
ソフトドリンク	ソフトドリンク

スムージー	パパイヤミルク
guǒ xī	mù guā niú nǎi
果昔	木瓜牛奶
ソフトドリンク	ソフトドリンク

オバルティン	ホーリック
ā huá tián	hǎo lì kè
阿华田 麦芽飲料	好力克 麦芽飲料
ソフトドリンク	ソフトドリンク

ミロ

měi lù
美禄

麦芽飲料

ソフトドリンク

酸梅湯

suān méi tāng
酸梅汤

燻製の梅（烏梅・漢方薬）を氷砂糖で煮詰めたジュース。暑気払いに古くから飲まれる

ソフトドリンク

MEMO

酒 — 中国酒

白酒
bái jiǔ
白酒

白乾児
bái gān ér
白干儿
白酒の北方方言
白酒

五粮液
wǔ liáng yè
五粮液　四川省産
白酒

西鳳酒
xī fèng jiǔ
西凤酒　陕西省産
白酒

汾酒
fén jiǔ
汾酒　山西省産
白酒

茅台酒
máo tái jiǔ
茅台酒　贵州省産
白酒

二鍋頭
èr guō tóu
二锅头　北京産
白酒

剣南春
jiàn nán chūn
剑南春　四川省産
白酒

197

3 料理ジャンル別単語

黄酒
huáng jiǔ
黄酒

老酒
lǎo jiǔ
老酒
黄酒を長期熟成させたものの総称
黄酒

紹興酒
shào xīng jiǔ
绍兴酒
紹興でつくられた黄酒
黄酒

香雪酒
xiāng xuě jiǔ
香雪酒
甘みのある紹興酒
黄酒

善醸酒
shàn niàng jiǔ
善酿酒
水の代わりに元紅酒を加えてつくったもの
黄酒

加飯酒
jiā fàn jiǔ
加饭酒
もち米を黄酒の倍量加えたもの
黄酒

花彫酒
huā diāo jiǔ
花雕酒
加飯酒の醸造期間が長いもの
黄酒

元紅酒
yuán hóng jiǔ
元红酒
一般的な黄酒を指す
黄酒

陳年花彫酒
chén nián huā diāo jiǔ
陈年花雕酒
加飯酒の醸造期間が長いもの
黄酒

杏露酒
xìng lù jiǔ
杏露酒
アンズのリキュール

梅酒

méi jiǔ
梅酒

梅酒

玫瑰露酒

méi guī lù jiǔ
玫瑰露酒

ハマナスの香りをつけた白酒

桂花陳酒

guì huā chén jiǔ
桂花陈酒

キンモクセイの香りをつけたワイン

MEMO

MEMO

酒 その他酒

カクテルグラス	グラス
jī wěi bēi	bō lí bēi
鸡尾杯	玻璃杯

ショートグラス	ブランデーグラス
píng dǐ bēi	bái lán dì bēi
平底杯	白兰地杯

リキュールグラス	ロックグラス
lì kǒu bēi	yán shí bēi
利口杯	岩石杯

ワイングラス	アマレット
pú táo jiǔ bēi	ān mā lā duō
葡萄酒杯	安摩拉多

酒 — その他酒

ウィスキー	ウォッカ
wēi shì jì	fú tè jiā jiǔ
威士忌	伏特加酒

カクテル	果実酒
jī wěi jiǔ	guǒ jiǔ
鸡尾酒	果酒

カンパリ	キュラソー
kěn bā lì	gān xiāng jiǔ
肯巴利	柑香酒

グランマニエ	黒ビール
jīn wàn lì	hēi pí jiǔ
金万利	黑啤酒

コニャック	シェリー
gān yì	xuě lì jiǔ
干邑	雪莉酒

201

3 料理ジャンル別単語

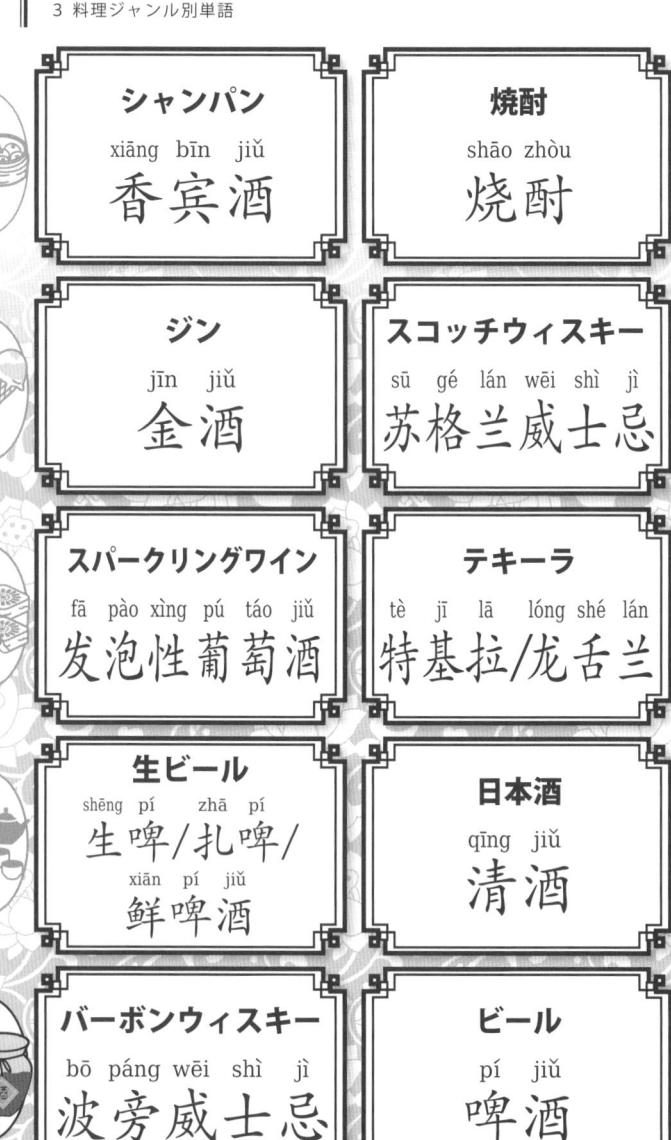

シャンパン xiāng bīn jiǔ 香宾酒	焼酎 shāo zhòu 烧酎
ジン jīn jiǔ 金酒	スコッチウィスキー sū gé lán wēi shì jì 苏格兰威士忌
スパークリングワイン fā pào xìng pú táo jiǔ 发泡性葡萄酒	テキーラ tè jī lā / lóng shé lán 特基拉/龙舌兰
生ビール shēng pí / zhā pí / xiān pí jiǔ 生啤/扎啤/鲜啤酒	日本酒 qīng jiǔ 清酒
バーボンウィスキー bō páng wēi shì jì 波旁威士忌	ビール pí jiǔ 啤酒

点心 / 外国料理 / 菓子 / 飲み物 / 酒

ブランデー	ベイリーズ
bái lán dì 白兰地	bǎi lì tián 百利甜

ペパーミント	ペルノー
bó hé jiǔ 薄荷酒	huí xiāng jiǔ 茴香酒

ベルモット	ポルト酒
wèi měi sī 味美思	bō tè jiǔ 波特酒

ラム	リキュール
lǎng mǔ jiǔ 朗姆酒	lì kǒu jiǔ　　lì jiāo jiǔ 利口酒/力娇酒

ワイン	赤ワイン
pú táo jiǔ 葡萄酒	hóng pú táo jiǔ　　hóng jiǔ 红葡萄酒/红酒

白ワイン

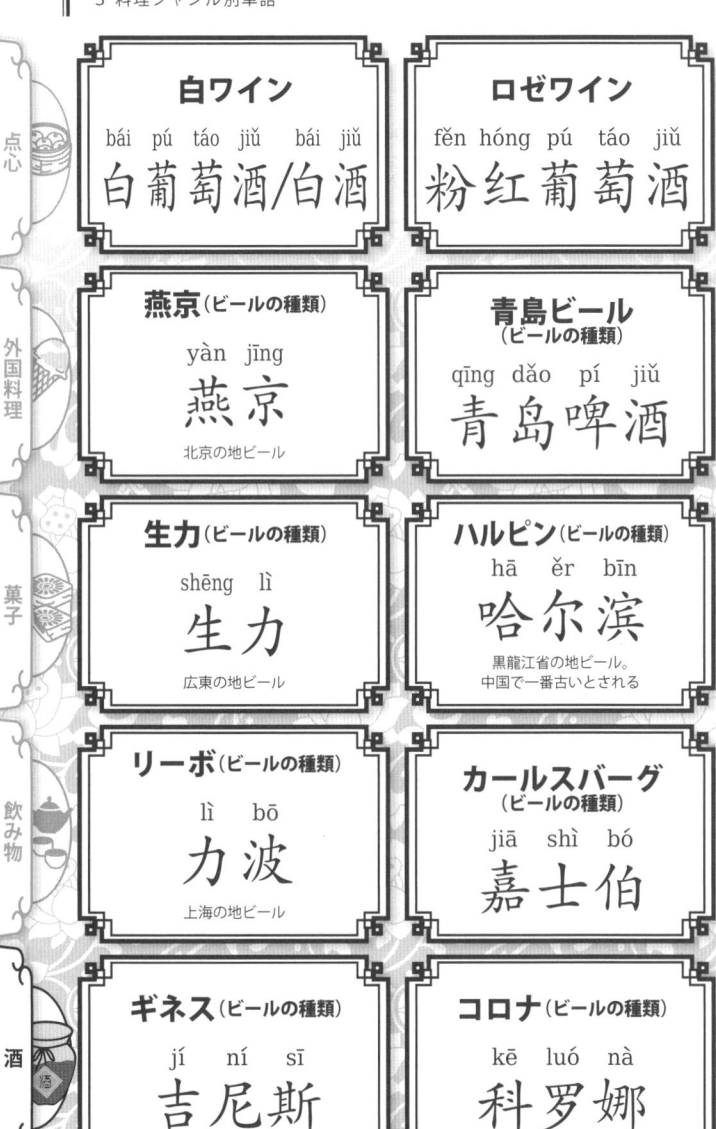

bái pú táo jiǔ / bái jiǔ
白葡萄酒/白酒

ロゼワイン

fěn hóng pú táo jiǔ
粉红葡萄酒

燕京（ビールの種類）

yàn jīng
燕京

北京の地ビール

青岛ビール（ビールの種類）

qīng dǎo pí jiǔ
青岛啤酒

生力（ビールの種類）

shēng lì
生力

広東の地ビール

ハルピン（ビールの種類）

hā ěr bīn
哈尔滨

黒龍江省の地ビール。
中国で一番古いとされる

リーボ（ビールの種類）

lì bō
力波

上海の地ビール

カールスバーグ（ビールの種類）

jiā shì bó
嘉士伯

ギネス（ビールの種類）

jí ní sī
吉尼斯

コロナ（ビールの種類）

kē luó nà
科罗娜

酒 - その他酒

サントリー
(ビールの種類)
sān dé lì
三得利
上海での人気が高い

タイガー
(ビールの種類)
hǔ pái
虎牌

ハイネケン
(ビールの種類)
xǐ lì
喜力

バドワイザー
(ビールの種類)
bǎi wēi
百威

ブルーリボン
(ビールの種類)
lán dài
蓝带

水割り
jiā shuǐ
加水

オンザロック
jiā bīng
加冰

ストレート
bù jiā bīng shuǐ
不加冰水

お燗
jiā rè
加热

お湯
kāi shuǐ
开水

3 料理ジャンル別単語

氷	グレナデンシロップ
bīng kuài	shí liú táng jiāng
冰块	石榴糖浆

ソーダ水	トニックウオーター
sū dǎ shuǐ	tāng lì shuǐ
苏打水	汤力水

ミネラルウオーター	ノンアルコール
kuàng quán shuǐ	ruǎn yǐn liào
矿泉水	软饮料

MEMO

酒 — カクテル

カクテル	カクテルグラス
jī wěi jiǔ 鸡尾酒	jī wěi bēi 鸡尾杯

ショート	ロング
duǎn yǐn 短饮	cháng yǐn 长饮

ジンベース	オレンジブロッサム
jīn jiǔ dǐ 金酒底	chéng huā 橙花 ジンベース

ギムレット	シンガポールスリング
qín lěi 琴蕾 ジンベース	xīn jiā pō sī lìng 新加坡司令 ジンベース

3 料理ジャンル別単語

ジントニック	ジンバック
jīn tāng lì	jīn bā kè
金汤力	金巴克
ジンベース	ジンベース

ジンフィズ	トムコリンズ
jīn fèi shì	tāng mǔ kě lěng shì
金费士	汤姆可冷士
ジンベース	ジンベース

ネグローニ	ピンクレディ
nèi gé luó ní	fěn hóng jiā rén
内格罗尼	粉红佳人
ジンベース	ジンベース

ブルームーン	フレンチ75
lán yuè liàng	fǎ guó qī shí wǔ
蓝月亮	法国75
ジンベース	ジンベース

ホワイトレディー	マティーニ
bái sè jiā lì	mǎ dīng ní
白色佳丽	马丁尼
ジンベース	ジンベース

酒 — カクテル

ヨコハマ
héng bīn
横滨
ジンベース

ウオッカベース
fú tè jiā dǐ
伏特加底

ウォッカトニック
fú tè jiā tāng lì
伏特加汤力
ウオッカベース

ウオッカマティーニ
fú tè jiā mǎ dīng ní
伏特加马丁尼
ウオッカベース

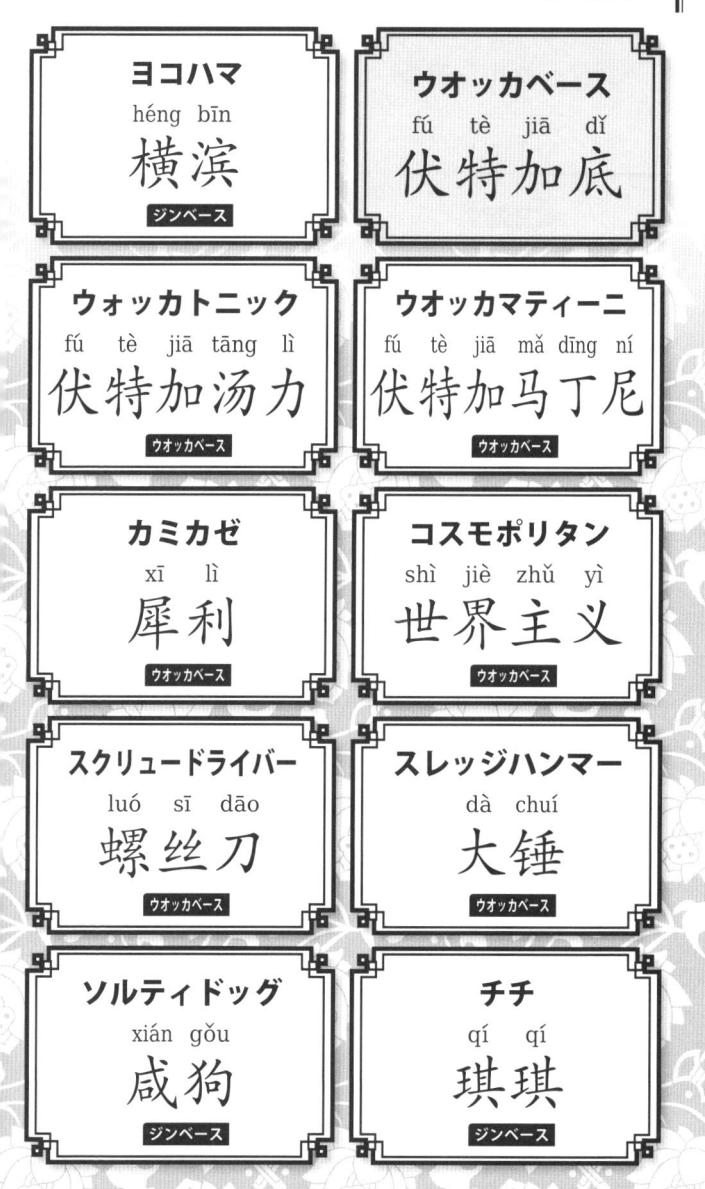

カミカゼ
xī lì
犀利
ウオッカベース

コスモポリタン
shì jiè zhǔ yì
世界主义
ウオッカベース

スクリュードライバー
luó sī dāo
螺丝刀
ウオッカベース

スレッジハンマー
dà chuí
大锤
ウオッカベース

ソルティドッグ
xián gǒu
咸狗
ジンベース

チチ
qí qí
琪琪
ジンベース

209

3 料理ジャンル別単語

ブラックルシアン
hēi é
黒俄
ウオッカベース

ブラッディマリー
xuè xīng mǎ lì
血腥玛丽
ウオッカベース

ブルドッグ
hǔ tóu gǒu
虎头狗
ウオッカベース

モスコミュール
mò sī kē lǎo
莫斯科佬
ウオッカベース

雪国
xuě guó
雪国
ウオッカベース

ラムベース
lǎng mǔ jiǔ dǐ
朗姆酒底

エッグノッグ
dàn nǎi jiǔ
蛋奶酒
ラムベース

キューバリバー
zì yóu gǔ bā
自由古巴
ラムベース

ダイキリ
dài jí lì
戴吉利
ラムベース

バカルディ・カクテル
bǎi jiā dé
百家得
ラムベース

酒 — カクテル

ピニャコラーダ
pǐn nà kè lā dá
品那克拉达
ラムベース

ブルーハワイ
lán sè xià wēi yí
蓝色夏威夷
ラムベース

ボストンクーラー
bō shì dùn kù lè
波士顿库勒
ラムベース

モヒート
mò hēi tuō
莫黑脱
ラムベース

テキーラベース
tè jī lā dǐ
特基拉底

アンバサダー
dà shǐ
大使
テキーラベース

テキーラサンライズ
tè jī lā rì chū
特基拉日出
テキーラベース

マタドール
dòu niú shì
斗牛士
テキーラベース

マルガリータ
mǎ gé lì tè
玛格丽特
テキーラベース

モッキンバード
mó fǎng niǎo
模仿鸟
テキーラベース

3 料理ジャンル別単語

ウイスキーベース	カリフォルニアレモネード
wēi shì jì dǐ	jiā zhōu níng méng
威士忌底	加州柠檬
	ウイスキーベース

ゴッドファーザー	ジョンコリンズ
jiào fù	yuē hàn kě lěng shì
教父	约翰可冷士
ウイスキーベース	ウイスキーベース

ニューヨーク	ハイボール
niǔ yuē	wēi shì jì sū dǎ
纽约	威士忌苏打
ウイスキーベース	ウイスキーベース

ハイランドクーラー	マンハッタン
gāo dì kù lè	màn hā dùn
高地库勒	曼哈顿
ウイスキーベース	ウイスキーベース

ミント・ジュレップ	ブランデーベース
bó hé zhū lì pǔ	bái lán dì dǐ
薄荷茱莉普	白兰地底
ウイスキーベース	

酒 — カクテル

アレキサンダー
yà lì shān dà
亚历山大
ブランデーベース

サイドカー
cè chē
侧车
ブランデーベース

ジャックローズ
jié kè méi guī
捷克玫瑰
ブランデーベース

ニコラシカ
ní kè lā xī kǎ
尼克拉西卡
ブランデーベース

ブランデーエッグノッグ
bái lán dì dàn nǎi jiǔ
白兰地蛋奶酒
ブランデーベース

フレンチ・コネクション
fǎ guó qíng bēi
法国情杯
ブランデーベース

ワインベース
pú táo jiǔ dǐ
葡萄酒底

アメリカンレモネード
měi guó níng méng
美国柠檬
ワインベース

キール
qí ěr
其尔
ワインベース

キール・ロワイヤル
huáng jiā qí ěr
皇家其尔
ワインベース

3 料理ジャンル別単語

スプリッツァ bèng fā 逆发 ワインベース	ベリーニ bèi lǐ ní 贝里尼 ワインベース
ミモザ hán xiū cǎo 含羞草 ワインベース	リキュールベース lì kǒu jiǔ dǐ 利口酒底
エンジェルキッス tiān shǐ zhī wěn 天使之吻 リキュールベース	カルアミルク gān lù kā fēi niú nǎi 甘露咖啡牛奶 リキュールベース
カンパリオレンジ kěn bā lì chéng zhī 肯巴利橙汁 リキュールベース	カンパリソーダ kěn bā lì sū dǎ 肯巴利苏打 リキュールベース
グラスホッパー qīng cǎo zhà měng 青草蚱蜢 リキュールベース	スプモーニ sī pǔ mò ní 斯普莫尼 リキュールベース

酒 — カクテル

テネシーワルツ
měi zhōu tǔ shǔ wǔ
美洲土薯舞
リキュールベース

ロングアイランドアイスティー
cháng dǎo bīng chá
长岛冰茶
リキュールベース

ビールベース
pí jiǔ dǐ
啤酒底

レッドアイ
hóng yǎn jīng
红眼睛
ビールベース

シャンディガフ
xiāng dì gé fū
香蒂格夫
ビールベース

ホットカクテル
rè jī wěi jiǔ
热鸡尾酒

アイリッシュコーヒー
ài ěr lán kā fēi
爱尔兰咖啡
ホットカクテル

ホットバタードラム
rè nǎi yóu lǎng mǔ
热奶油朗姆
ホットカクテル

MEMO
___
___
___
___

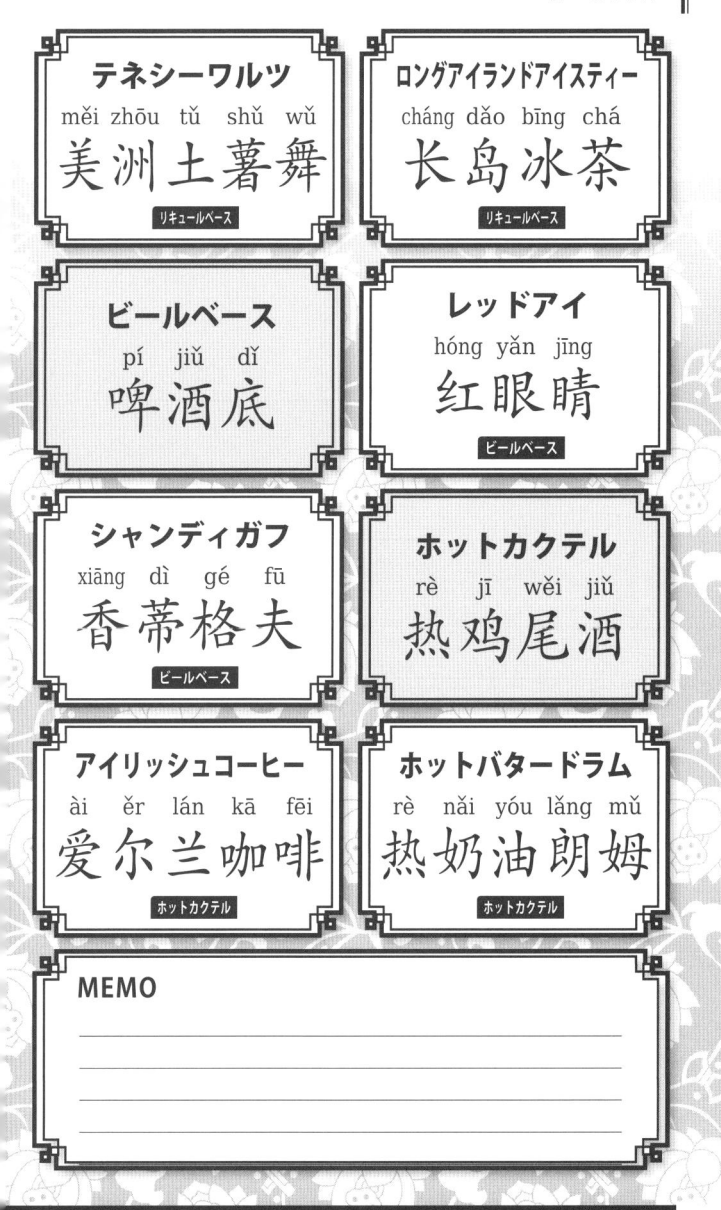

4

調理器具
食器

調理器具

調理器具	圧力鍋
pēng tiáo yòng jù 烹调用具	gāo yā guō 高压锅

網杓子	アルミホイル
lòu sháo 漏勺	lǚ bó 铝箔

泡だて器	大さじ
dǎ dàn qì 打蛋器	tāng chí 汤匙

オーブン	おたま
kǎo xiāng 烤箱	sháo zi 勺子

調理器具

小さじ	ザル
chá chí 茶匙	lòu pén 漏盆

しゃぶしゃぶ鍋	炊飯器
huǒ guō 火锅	diàn fàn guō 电饭锅

せいろ	鉄鍋
zhēng lóng 蒸笼	tiě guō 铁锅

テフロン加工鍋	電子レンジ
bú zhàn guō 不粘锅	wēi bō lú 微波炉

天板	トースター
kǎo pén 烤盆	kǎo miàn bāo jī 烤面包机

219

5 調理器具・食器

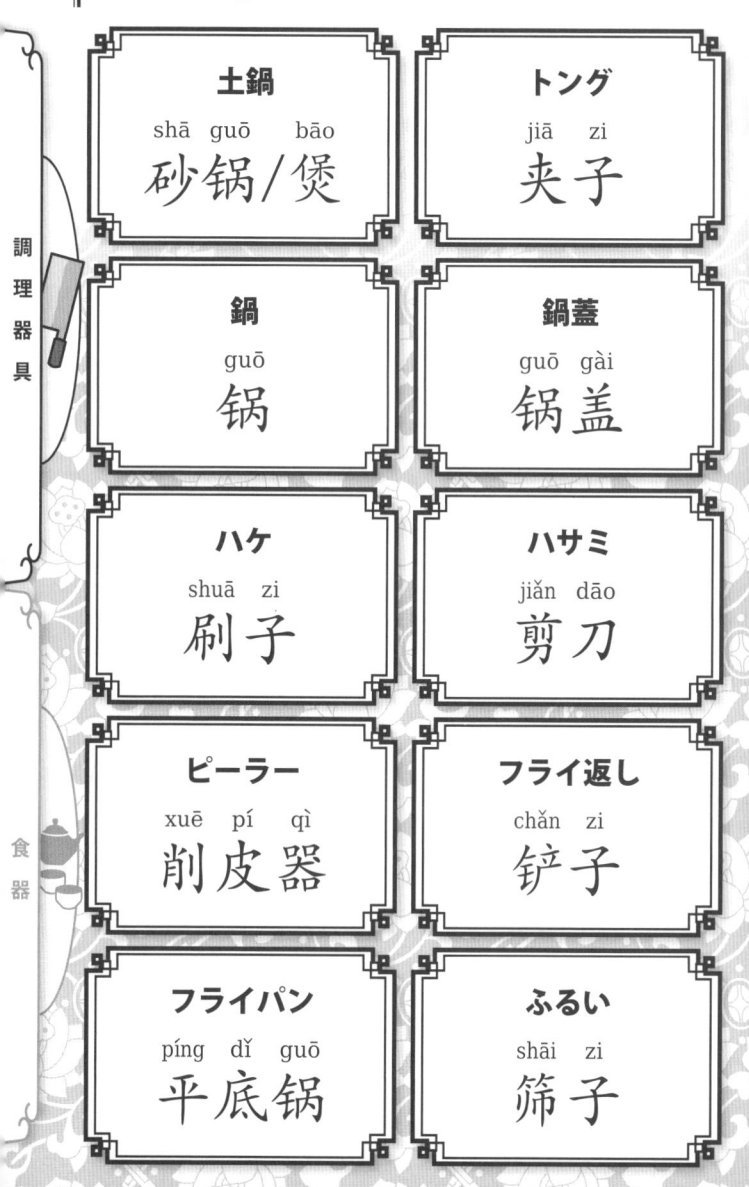

調理器具

土鍋
shā guō bāo
砂锅/煲

トング
jiā zi
夹子

鍋
guō
锅

鍋蓋
guō gài
锅盖

ハケ
shuā zi
刷子

ハサミ
jiǎn dāo
剪刀

ピーラー
xuē pí qì
削皮器

フライ返し
chǎn zi
铲子

食器

フライパン
píng dǐ guō
平底锅

ふるい
shāi zi
筛子

調理器具

包丁	ボウル
dāo cài dāo 刀/菜刀	pén 盆

ポット	まな板
nuǎn shuǐ hú 暖水壶	qiē cài bǎn 切菜板

魔法瓶	蒸し器
nuǎn píng 暖瓶	zhēng guō 蒸锅

めん棒	やかん
gǎn miàn bàng 擀面棒	shuǐ hú 水壶

ラップ	冷蔵庫
bǎo xiān mó 保鲜膜	bīng xiāng 冰箱

食器

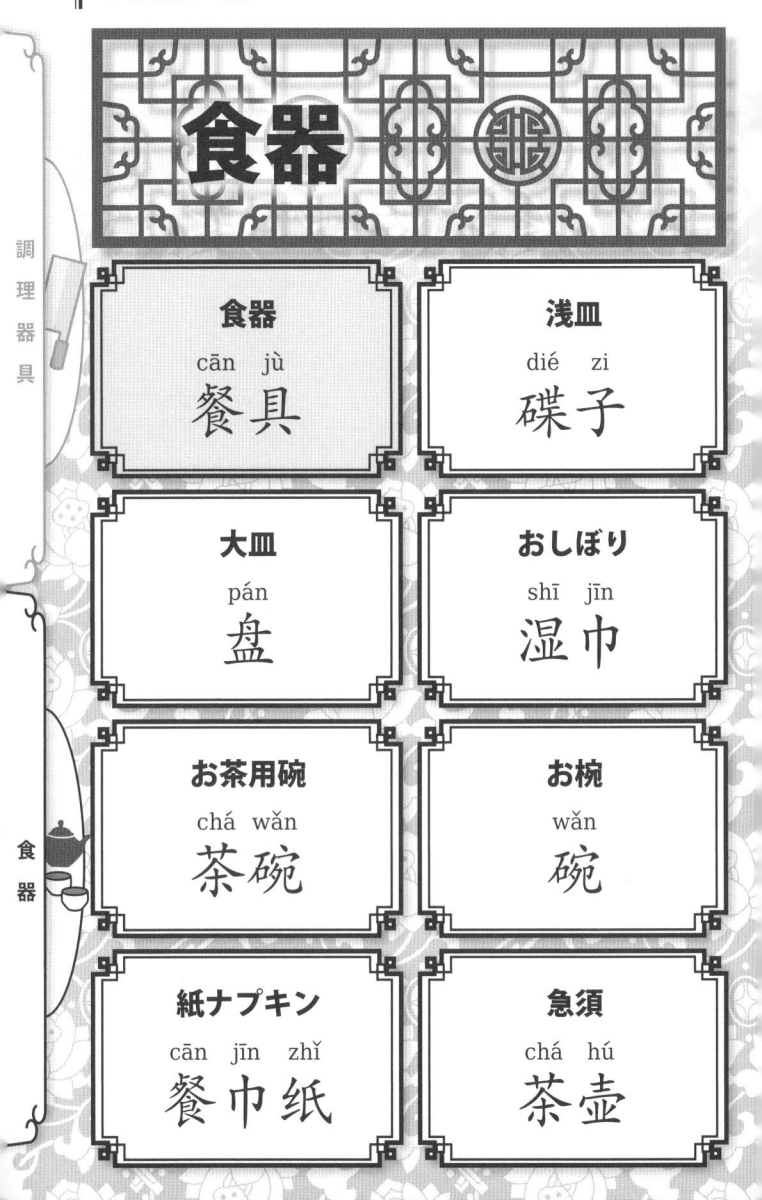

食器	浅皿
cān jù 餐具	dié zi 碟子

大皿	おしぼり
pán 盘	shī jīn 湿巾

お茶用碗	お椀
chá wǎn 茶碗	wǎn 碗

紙ナプキン	急須
cān jīn zhǐ 餐巾纸	chá hú 茶壶

食器

グラス	小皿
bō lí bēi	xiǎo dié zi
玻璃杯	小碟子

コップ	ご飯茶碗
bēi zi	fàn wǎn
杯子	饭碗

小杯	小碗
xiǎo bēi	xiǎo wǎn
小杯	小碗

スープスプーン	スープ碗
tāng chí	tāng wǎn
汤匙	汤碗

ストロー	栓抜き
xī guǎn	qǐ zi kāi píng qì
吸管	起子/开瓶器

5 調理器具・食器

茶杯	爪楊枝
chá bēi 茶杯	yá qiān 牙签

ティースプーン	取り箸
chá chí 茶匙	gōng kuài 公筷

ナイフ	ナプキン
cān dāo 餐刀	cān jīn 餐巾

箸	箸置き
kuài zi 筷子	kuài jià 筷架

フォーク	深皿
chā zi 叉子	pén zi 盆子

調理器具

食器

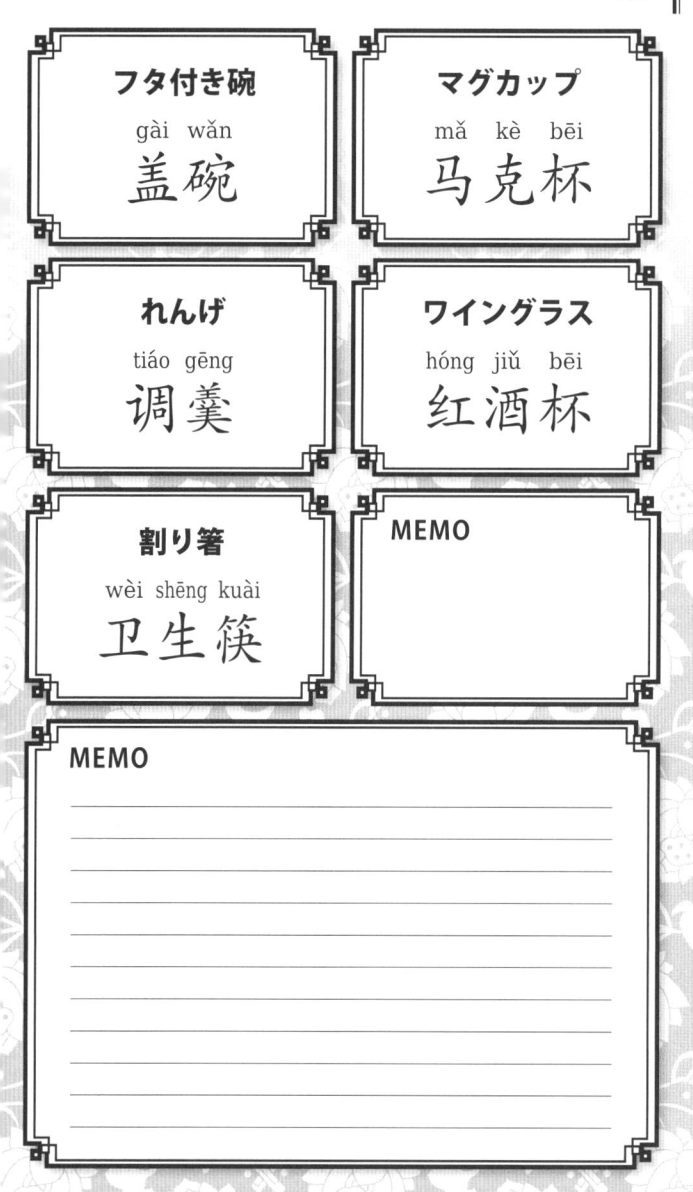

フタ付き碗	マグカップ
gài wǎn 盖碗	mǎ kè bēi 马克杯

れんげ	ワイングラス
tiáo gēng 调羹	hóng jiǔ bēi 红酒杯

割り箸	MEMO
wèi shēng kuài 卫生筷	

MEMO

5

シーン別
ミニマム会話

食材を買う

量り売りの食材を買うとき

量り売りの会話は主に市場、漢方薬店、食品店、お茶屋で頻繁に使います。
同じ単位でも中国、台湾、香港で違うので注意。

*については欄外下参照

日本語	中国語	話者
これをください	我要这个 (wǒ yāo zhè ge)	あなた
1斤いくらですか？*	多少钱一斤？(duō shǎo qián yī jīn)	あなた
1両いくらですか？*	多少钱一两？(duō shǎo qián yī liǎng)	あなた
～元～角です	～块～ (kuài)	店員
どのくらい量りますか？	你要称多少？(nǐ yāo chēng duō shǎo)	店員
～斤ください	要～斤 (yāo jīn)	あなた
～両ください	要～两 (yāo liǎng)	あなた
いくらですか？	多少钱？(duō shǎo qián)	あなた
～元～角です	～块～ (kuài)	店員

斤＝500g（中国）、600g（台湾）、約605g（香港）　両＝斤の10分の1

食材を買う

個別包装の食材を買うとき

これをください	wǒ yāo zhè ge 我要这个	あなた
いくついりますか？	nǐ yāo jǐ ge 你要几个？	店員
～個ください	yāo ge 要～个	あなた
いくらですか？	duō shǎo qián 多少钱？	あなた
～元～角です	kuài ～块～	店員

MEMO

6 シーン別ミニマム会話

テイクアウト

これをください	我要这个 wǒ yāo zhè ge	あなた
ひとつ いくらですか？	多少钱一个？ duō shǎo qián yī ge	あなた
～元～角です	～块～ kuài	店員
いくついりますか？	你要几个？ nǐ yāo jǐ ge	店員
～つください	要～个 yāo ge	あなた
全部で いくらですか？	一共多少钱？ yī gòng duō shǎo qián	あなた
～元～角です	～块～ kuài	店員

MEMO

轻食店

メニューはありますか？	yǒu cài dān ma 有菜单吗？	あなた
これをください	wǒ yào zhè ge 我要这个	あなた
一両何個ですか？	yī liǎng yǒu jǐ ge 一两有几个？	あなた 特に餃子専門店などで必要。店によって数が違うので要確認です
ここで食べますか？持ち帰りですか？	nǐ zài zhè lǐ chī hái shì dài zǒu 你在这里吃还是带走？	店員
ここで食べます	zài zhè lǐ chī 在这里吃	あなた
持ち帰りです	dài zǒu 带走	あなた
他に欲しいものはありますか？	hái yào bié de ma 还要别的吗？	店員
これでいいです	jiù zhè xiē 就这些	あなた
これもください	hái yào zhè ge 还要这个	あなた
いくらですか？	duō shǎo qián 多少钱？	あなた
～元～角です	kuài ～块～	店員

6 シーン別ミニマム会話

ここに座って いいですか？	zhè ér kě yǐ zuò ma 这儿可以坐吗？	あなた
いいですよ	kě yǐ 可以	店員
人がいます	yǒu rén 有人	店員
箸をください	gěi wǒ kuài zi 给我筷子	あなた
れんげをください	gěi wǒ tiáo gēng 给我调羹	あなた
唐辛子味噌を ください	gěi wǒ là jiāo jiàng 给我辣椒酱	あなた
お酢をください	gěi wǒ cù 给我醋	あなた
コショウを ください	gěi wǒ hú jiāo fěn 给我胡椒粉	あなた

MEMO

軽食店、レストラン

レストラン

予約が必要ですか？	需要预订吗？ xū yào yù dìng ma	あなた
はい	要 yào	店員
できれば必要です	最好要 zuì hǎo yào	店員
いいえ	不需要 bù xū yào	店員
予約はありますか？	有预订吗？ yǒu yù dìng ma	店員
はい	有 yǒu	あなた
いいえ	没有 méi yǒu	あなた
こちらにどうぞ	这边请 zhè biān qǐng	店員
お好きな席にどうぞ	随便坐 suí biàn zuò	店員
すみません、満席です	抱歉,已经客满了 bào qiàn, yǐ jīng kè mǎn le	店員

6 シーン別ミニマム会話

日本語	中国語	話者
何名様ですか？	几位？	店員
～名です	～位	あなた
禁煙席はありますか？	有无烟区吗？	あなた
あります	有	店員
ありません	没有	店員
タバコは吸いますか？	吸烟吗？	店員
吸います	吸烟	あなた
吸いません	不吸烟	あなた
個室はありますか？	有包房吗？	あなた
あります	有	店員
ありますが予約済みです	有，但是已经订满了	店員
ありません	没有	店員

メニューはありますか？	yǒu cài dān ma 有菜单吗？	あなた
ドリンクメニューはありますか？	yǒu yǐn liào dān ma 有饮料单吗？	あなた
注文お願いします	diǎn cài 点菜	あなた
看板料理は何ですか？	nǐ men de zhāo pái cài shì shén me 你们的招牌菜是什么？	紙に書いてもらって、わからない単語は単語集で探してください / あなた
（隣のテーブルを指して）あれは何ですか？	nà shì shén me 那是什么？	紙に書いてもらって、わからない単語は単語集で探してください / あなた
どんな味付けですか？	shì shén me wèi dào 是什么味道？	あなた
甘い	tián 甜	店員
甘辛い	xián tián 咸甜	店員
塩味	xián 咸	店員
醤油味	jiàng yóu wèi 酱油味	店員
あっさり	qīng dàn 清淡	店員
割とこってり	bǐ jiào yóu 比较油	店員

6 シーン別ミニマム会話

日本語	中国語	話者
辛い	辣 (là)	店員
酸っぱい	酸 (suān)	店員
苦い	苦 (kǔ)	店員
辛いですか？	辣吗？(là ma)	あなた
辛い	辣 (là)	店員
辛くない	不辣 (bú là)	店員
辛さ控えめにしてください	少放点辣的 (shǎo fàng diǎn là de)	あなた
化学調味料を控えめにしてください	少放点味精 (shǎo fàng diǎn wèi jīng)	あなた
塩を控えめにしてください	少放点盐 (shǎo fàng diǎn yán)	あなた
油を控えめにしてください	少放点油 (shǎo fàng diǎn yóu)	あなた
化学調味料を入れないでください	不要放味精 (bú yào fàng wèi jīng)	あなた
砂糖を入れないでください	不要放糖 (bú yào fàng táng)	あなた

香菜(コリアンダー、パクチー)を入れないでください	bú yào fàng xiāng cài 不要放香菜		あなた
香菜(コリアンダー、パクチー)多めでお願いします	duō fàng diǎn xiāng cài 多放点香菜		あなた
量は多いですか？	liliàng duō ma 量多吗？		あなた
多いです	duō 多		店員
多くはありません	bù duō 不多		店員
一皿何個ですか？	yī fèn yǒu jǐ ge 一份有几个？		あなた
(料理の品数が)これで足りますか？	zhè yàng gòu ma 这样够吗？		あなた
足ります	gòu 够		店員
ちょっと少ないです	yǒu diǎn bú gòu 有点不够	中国人は残すほどいっぱい頼む、ということをお忘れなく	店員
多いです	tài duō le 太多了		店員
足りなければまた頼みます	bú gòu zài diǎn 不够再点	少なめに頼んでおいて、追加注文するのが賢いので、とっても便利なひと言です	あなた

6 シーン別ミニマム会話

飲み物は何にしますか？	hē shén me yǐn liào 喝什么饮料？	店員
ビールの銘柄は何がありますか？	yǒu shén me pái zǐ de pí jiǔ 有什么牌子的啤酒？	銘柄は紙に書いてもらいましょう／あなた
ソフトドリンクはどれですか？	ruǎn yǐn liào shì nǎ ge 软饮料是哪个？	あなた
冷えたのをください	gěi wǒ bīng de 给我冰的	高級店以外では、黙っていると常温ビールが来る確率が結構高いです／あなた
常温のをください	gěi wǒ cháng wēn de 给我常温的	あなた
お湯をください	gěi wǒ kāi shuǐ 给我开水	薬を飲む時など、意外と使います／あなた
もうひとつください	zài lái yī ge 在来一个	あなた
お椀をください	gěi wǒ wǎn 给我碗	あなた
お皿をください	gěi wǒ xiǎo dié zi 给我小碟子	あなた
お箸をください	gěi wǒ kuài zi 给我筷子	あなた
灰皿をください	gěi wǒ yān huī gāng 给我烟灰缸	あなた
紙ナプキンをください	gěi wǒ cān jīn zhǐ 给我餐巾纸	あなた

レストラン

日本語	中国語	備考	話者
おしぼりをください	gěi wǒ shī jīn 给我湿巾	有料が多いです	あなた
お茶をください	gěi wǒ chá shuǐ 给我茶水	有料が多いです	あなた
(お茶に)お湯を足してください	dào diǎn kāi shuǐ 倒点开水		あなた
料理がまだ来ていません	cài hái méi yǒu shàng 菜还没有上		あなた
ご飯を先に持ってきてください	xiān gěi wǒ shàng mǐ fàn 先给我上米饭	ご飯は通常、料理のあとに持ってきます。料理をおかずにご飯を食べたい時に使いましょう	あなた
取り分けてください	gěi wǒ fēn yī xià 给我分一下		あなた
この料理、味がおかしいです	zhè dào cài wèi dào bú duì 这道菜味道不对	もしかして腐ってる?という時に	あなた
この料理、しょっぱすぎます	zhè dào cài tài xián le 这道菜太咸了	明らか塩の分量間違ってるだろ!という時に	あなた
作りなおしてください	cóng xīn zuò yī ge 从新做一个	作り直しで味が改善できそうな時に	あなた
もういらないんで下げてください	bù chī le gěi wǒ chè xià 不吃了。给我撤下 材料が腐ってるなど、作り直しもききそうにない時に		あなた

MEMO

6 シーン別ミニマム会話

会計をお願いします	mái dān 埋单	あなた
クレジットカードは使えますか？	néng shuā kǎ ma 能刷卡吗？	あなた
使えます	kě yǐ 可以	店員
使えません	bù néng shuā kǎ 不能刷卡	店員
いくらですか？	duō shǎo qián 多少钱？	あなた
〜元〜角です	kuài 〜块〜	店員
伝票を見せてください	gěi wǒ kàn xià dān zi 给我看下单子	あなた
これは頼んでいません	zhè ge cài wǒ méi diǎn guò 这个菜我没点过	あなた
計算が違います	suàn cuò le 算错了	あなた
領収書をください	gěi wǒ fā piào 给我发票	あなた
(持ち帰り用に)包んでください	qǐng dǎ xià bāo 请打下包	あなた

240

数字

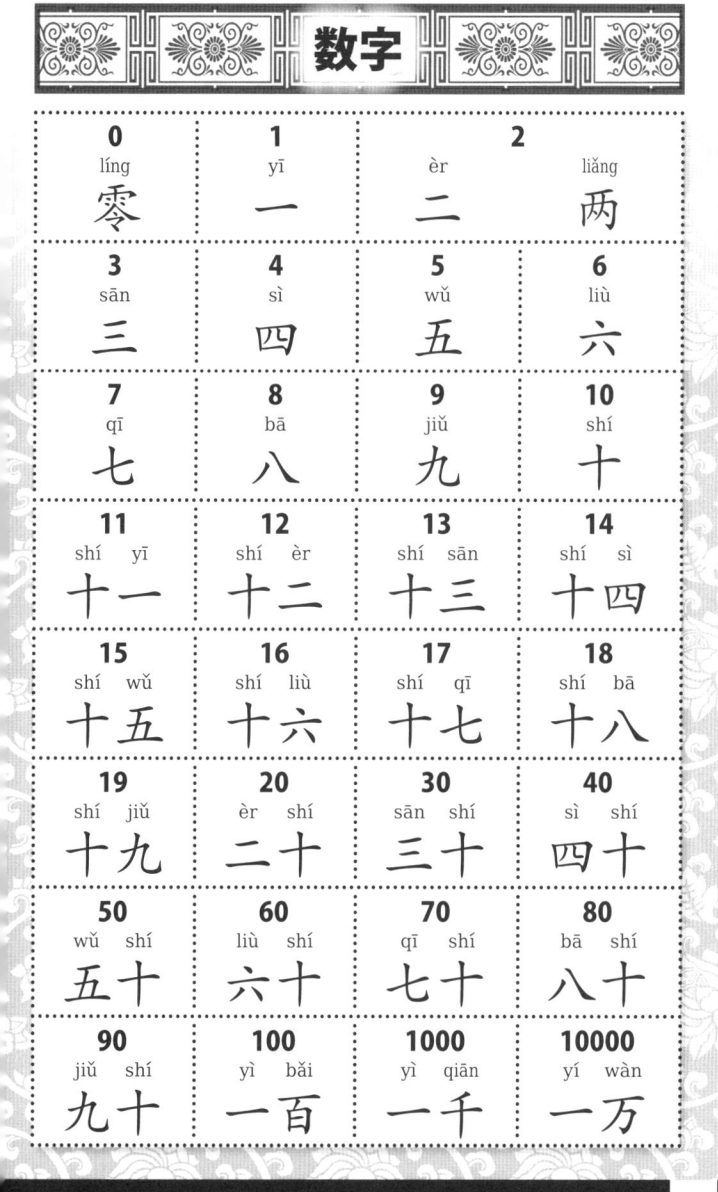

0 líng 零	1 yī 一	2 èr 二	liǎng 两
3 sān 三	4 sì 四	5 wǔ 五	6 liù 六
7 qī 七	8 bā 八	9 jiǔ 九	10 shí 十
11 shí yī 十一	12 shí èr 十二	13 shí sān 十三	14 shí sì 十四
15 shí wǔ 十五	16 shí liù 十六	17 shí qī 十七	18 shí bā 十八
19 shí jiǔ 十九	20 èr shí 二十	30 sān shí 三十	40 sì shí 四十
50 wǔ shí 五十	60 liù shí 六十	70 qī shí 七十	80 bā shí 八十
90 jiǔ shí 九十	100 yì bǎi 一百	1000 yì qiān 一千	10000 yí wàn 一万

索引 (ピンイン順)

A

ā huá tián	阿华田	195
ā sà mǔ	啊萨姆	190
ān chún	鹌鹑	37, 50
ān chún dàn	鹌鹑蛋	50
ān mó lā duō	安摩拉多	200
áo	熬	28
áo diǎn	熬点	164
ài ěr lán kā fēi	爱尔兰咖啡	189, 215
ài wō wō	艾窝窝	172
ài wō wō	爱窝窝	172
ài yù zi	爱玉子	16

B

bā bā luó	巴巴罗	179
bā bǎo	八宝	20
bā bǎo chá	八宝茶	186
bā bǎo fàn	八宝饭	20, 172
bā bǎo yā	八宝鸭	10
bā jiǎo	八角	83
bā lè	芭乐	86
bā lè zhī	芭乐汁	194
bā sà mǐ kè cù	巴萨米克醋	112
bā xī	巴西	190
bā xī kǎo ròu	巴西烤肉	157
bā xī lǐ	巴西里	83
bá sī	拔丝	32
bá sī píng guǒ	拔丝苹果	174
bá sī sān yào	拔丝山药	174
bá sī xiāng jiāo	拔丝香蕉	174
bà yú	鲅鱼	54, 128
bái cài	白菜	68, 129, 133
bái chá	白茶	185
bái cù	白醋	110
bái gānr	白干儿	197
bái guǒ	白果	91
bái hào yín zhēn	白耗银针	185
bái jiǔ	白酒	197, 204
bái lán dì	白兰地	203
bái lán dì bēi	白兰地杯	200
bái lán dì dàn nǎi jiǔ	白兰地蛋奶酒	213
bái lán dì dǐ	白兰地底	212
bái lián	白鲢	57
bái mǐ fàn	白米饭	136, 165
bái mù ěr	白木耳	77
bái pú táo jiǔ	白葡萄酒	204
bái sè jiā lì	白色佳丽	208
bái shǔ	白薯	71
bái tuō	白脱	112, 152
bái zhōu	白粥	141
bái zhǔ	白煮	29
bǎi hé gēn	百合根	72, 104
bǎi jiā dé	百家得	210
bǎi lǐ xiāng	百里香	82
bǎi lì tián	百利甜	203
bǎi shì kě lè	百事可乐	193
bǎi wēi	百威	205
bǎi xiāng guǒ	百香果	88
bǎi yè	百页	94
bǎn lì	板栗	91
bǎn yóu	板油	41
bàn	拌	31
bàn fàn	拌饭	158
bàn miàn	拌面	121, 124
bāo	煲	28, 220
bāo xīn ròu wán	包心肉丸	14
bāo zǎi fàn	煲仔饭	12, 135
bāo zi	包子	133
báo bǐng	薄饼	179
bǎo xiān mó	保鲜膜	221
bào	爆	26
bào bīng	刨冰	169
bào piàn zhōu	鲍片粥	140
bào shàn sī	爆鳝丝	10
bào yú	鲍鱼	60
bào yù mǐ	爆玉米	182
bēi zi	杯子	223
běi dòu fu	北豆腐	96
běi jí xiā	北极虾	60
běi jīng cài	北京菜	7
běi jīng kǎo yā	北京烤鸭	3, 8

pinyin	汉字	页码
běi xìng	北杏	91
bèi	贝	60
bèi guǒ	贝果	162
bèi lǐ ní	贝里尼	214
běn bāng cài	本帮菜	7
bèng fā	迸发	214
bí qi	荸荠	70
bǐ mù yú	比目鱼	55
bǐ sà	比萨	153, 162
bǐ sà hé	比萨盒	149
bì luó chūn	碧螺春	183
biān	煸	27
biān	鞭	45
biān yú	鳊鱼	58
biǎn dòu	扁豆	73
biǎn táo	扁桃	91
biē	鳖	57
bīng gùn	冰棍	181
bīng hóng chá	冰红茶	190
bīng huǒ bō luó yóu	冰火菠萝油	140, 173
bīng kā fēi	冰咖啡	189
bīng kuài	冰块	206
bīng qí lín	冰淇淋	148, 176
bīng shuāng	冰霜	150, 177
bīng táng	冰糖	20, 108
bīng táng yín ěr	冰糖银耳	20
bīng xiāng	冰箱	221
bǐng gān	饼干	179
bō cài	菠菜	68
bō li bēi	玻璃杯	200, 223
bō luó	菠萝	87
bō luó chǎo fàn	菠萝炒饭	17
bō luó mì	菠萝蜜	88
bō luó zhī	菠萝汁	194
bō páng wēi shì jì	波旁威士忌	202
bō shì dùn kù lè	波士顿库勒	211
bō tè jiǔ	波特酒	203
bó jué chá	伯爵茶	190
bò hé	薄荷	83
bò hé jiǔ	薄荷酒	203
bò hé zhū lì pǔ	薄荷茱莉普	212
bù dīng	布丁	179
bù jiā bīng shuǐ	不加冰水	205
bù lǎng ní	布朗尼	179
bù zhān guō	不粘锅	219

C

pinyin	汉字	页码
cài bāo	菜包	119, 134
cài dāo	菜刀	221
cài fàn	菜饭	136
cài ròu bāo	菜肉包	133
cài xīn	菜心	68
cài yóu	菜油	111
cān dāo	餐刀	224
cān jīn	餐巾	224
cān jīn zhǐ	餐巾纸	222
cān jù	餐具	222
cán dòu	蚕豆	74
cāo mǐ	糙米	79
cǎo gū	草菇	78
cǎo jī	草鸡	38
cǎo méi	草莓	85
cǎo shí dàn	草石蛋	72
cǎo tóu	草头	67
cǎo tóu quān zi	草头圈子	10
cǎo yú	草鱼	57
cè chē	侧车	213
chā shāo	叉烧	12
chā shāo bāo	叉烧包	132, 138
chā shāo gǔ cháng fěn	叉烧滑肠粉	140
chā shāo sū	叉烧酥	140
chā zi	叉子	224
chá bēi	茶杯	187, 224
chá chí	茶匙	187, 219, 224
chá chuán	茶船	188
chá hǎi	茶海	187
chá hú	茶壶	187, 222
chá jiā	茶夹	187
chá jù	茶具	186
chá lòu	茶漏	187
chá pán	茶盘	188

chá sháo	茶勺	186
chá tōng	茶通	187
chá wài chá	茶外茶	186
chá wǎn	茶碗	222
chá zé	茶则	186
chǎn zi	铲子	220
chāng yú	鲳鱼	55
cháng dǎo bīng chá	长岛冰茶	215
cháng fěn	肠粉	140
cháng gùn miàn bāo	长棍面包	181
cháng jiāng dòu	长豇豆	74
cháng yǐn	长饮	207
chāo shǒu	抄手	11, 119
chǎo	炒	26
chǎo fàn	炒饭	117, 136
chǎo jī dàn	炒鸡蛋	150
chǎo mǐ fěn	炒米粉	16
chǎo miàn	炒面	122
chǎo nián gāo	炒年糕	125
chǎo shuāng dōng	炒双冬	20
chǎo wū dōng miàn	炒乌冬面	167
chē lí zi	车厘子	86
chēn cài	滇菜	7
chēn hóng	滇红	184
chén nián huā diāo jiǔ	陈年花雕酒	198
chén pí	陈皮	82
chēng zi	蛏子	61
chéng huā	橙花	207
chéng zhī	橙汁	193
chéng zi	橙子	85
chì bèi	赤贝	60
chóng yáng gāo	重阳糕	171
chòu dòu fu	臭豆腐	95
chú shī sè lā	厨师色拉	150
chuān	川	29
chuān cài	川菜	7, 10
chūn juǎn	春卷	21, 118, 140
chún cài	莼菜	67
cí gū	慈姑	71
cí fàn	糍饭	118
cì shēn	刺身	165
cōng bào	葱爆	26
cōng bào yáng ròu	葱爆羊肉	15
cōng jiāo niú bǎi yè	葱椒牛百叶	139
cōng shāo hǎi shēn	葱烧海参	17
cōng tóu	葱头	71
cōng yóu	葱油	112
cōng yóu bàn miàn	葱油拌面	124
cōng yóu bǐng	葱油饼	118
cù	醋	110
cù jiāo	醋椒	20
cù jiāo tǔ dòu	醋椒土豆	20
cuān	氽	29
cuì	脆	20

D

dǎ dàn qì	打蛋器	218
dǎ lǔ miàn	打卤面	121
dà bǎn shòu sī	大阪寿司	164
dà bǐng	大饼	117
dà cháng	大肠	45
dà cháng miàn	大肠面	123
dà chuí	大锤	209
dà cōng	大葱	83, 129
dà dì yú	大地鱼	104
dà hóng páo	大红袍	184
dà huáng yú	大黄鱼	55
dà hún tūn	大馄饨	125
dà jí lǐng	大吉岭	191
dà jiè cài	大芥菜	67
dà liào	大料	83
dà mài	大麦	79
dà mài chá	大麦茶	186
dà mǐ	大米	80
dà pái gǔ	大排骨	41
dà pái miàn	大排面	124
dà ròu miàn	大肉面	124
dà shǐ	大使	211
dà suàn	大蒜	83
dà tóu yú	大头鱼	56
dà zhá xiè	大闸蟹	10, 57, 59
dà zhǔ gān sī	大煮干丝	17
dài jí lì	戴吉利	210
dài yú	带鱼	54
dān dān miàn	担担面	11, 121
dān mài miàn bāo	丹麦面包	181
dān zǎi miàn	担仔面	16
dàn bái	蛋白	51
dàn bāo fàn	蛋包饭	164
dàn cài	淡菜	100
dàn chǎo fàn	蛋炒饭	136

244

dàn huáng	蛋黄	50	dòu fu pí	豆腐皮	94
dàn huáng jiàng	蛋黄酱	114, 155, 162	dòu huā	豆花	94, 117
dàn nǎi	淡奶	106	dòu jiāng	豆浆	95, 195
dàn nǎi jiǔ	蛋奶酒	210	dòu jiāo	豆角	73
dàn pí	蛋皮	20	dòu miáo	豆苗	68
dàn pí juǎn	蛋皮卷	20	dòu nǎi	豆奶	95
dàn qīng	蛋清	51	dòu niú shì	斗牛士	211
dàn tǎ	蛋挞	139, 172	dòu pí	豆皮	96
dāo	刀	221	dòu shā	豆沙	94, 96
dāo dòu	刀豆	75	dòu shā bāo	豆沙包	116, 131, 171
dāo xiāo miàn	刀削面	122	dòu shā guō bǐng	豆沙锅饼	174
dé guó cài	德国菜	144	dòu shā miàn bāo	豆沙面包	180
dé guó xián zhū shǒu	德国咸猪手	148	dòu yá	豆芽	78
dé zhōu pá jī	德州扒鸡	17	dòu yóu	豆油	110
dī jīn miàn fěn	低筋面粉	98	dòu zhā	豆渣	164
dì lì	地栗	70	dòu zhī	豆汁	8, 95
dì sān xiān	地三鲜	13	dòu zhì pǐn	豆制品	94
dì zhōng hǎi cài	地中海菜	144	dù	肚	45
diàn fàn guō	电饭锅	219	dù bǎn	肚板	46
diàn fěn	淀粉	97, 106	dùn	炖	27
diāo yú	鲷鱼	54	dùn dàn	炖蛋	170
dié yú	鲽鱼	53	dùn xiān nǎi	炖鲜奶	170
dié zi	碟子	222	duǎn yǐn	短饮	207
dīng	丁	33	duàn	段	33
dīng xiāng	丁香	81	duì xiā	对虾	59, 60
dōng ān zǐ jī	东安子鸡	17	**E**		
dōng běi cài	东北菜	7, 13	é	鹅	44
dōng cài	冬菜	101	é gān	鹅肝	48, 154
dōng fāng měi rén	东方美人	184	é luó sī cài	俄罗斯菜	145
dōng gū	冬菇	77, 103	é ròu	鹅肉	37
dōng guā	冬瓜	75	è lí	鳄梨	85
dōng nán yà cài	东南亚菜	144	ēi cài	A菜	66
dōng sǔn	冬笋	71	èr dōng	二冬	20
dōng yīn gōng tāng	冬阴功汤	158	èr guō tóu	二锅头	197
dòng	冻	31	**F**		
dòng dǐng wū lóng chá	冻顶乌龙茶	184	fā pào xìng pú tao jiǔ	发泡性葡萄酒	202
dòng dòu fu	冻豆腐	95	fǎ guó cài	法国菜	145
dòu bàn jiàng	豆瓣酱	110, 111	fǎ guó qī shí wǔ	法国75	208
dòu chǐ	豆豉	111	fǎ guó qíng huái	法国情杯	213
dòu chǐ zhēng fèng zhǎo	豆豉蒸凤爪	139	fǎ lán kè fú xiāng cháng	法兰克福香肠	48
dòu chǐ zhēng pái gǔ	豆豉蒸排骨	138	fǎ shì báo bǐng	法式薄饼	176
dòu fu	豆腐	95	fǎ shì miàn bāo	法式面包	181
dòu fu gān	豆腐干	94	fǎ shì sān míng zhì	法式三明治	161
dòu fu huā	豆腐花	141, 170	fǎ shì tǔ sī	法式吐司	154
dòu fu nǎo	豆腐脑	94, 117	fān hóng huā	番红花	82

fān qié	番茄	75
fān qié jī qiú	番茄鸡球	22
fān qié jiàng	番茄酱	111, 160
fān qié shā sī	番茄沙司	111
fān qié zhī	番茄汁	194
fàn tuán	饭团	164
fàn wǎn	饭碗	223
fāng biàn miàn	方便面	121
fàng tóu yú	放头鱼	52
fēi lì niú pái	菲力牛排	153
fēi yú	飞鱼	54
fēi yú	鲱鱼	54
fēi yú zi	飞鱼子	64
féi ròu	肥肉	36
fěi cuì	翡翠	20
fěi cuì miàn	翡翠面	20
fèi	肺	46
fēn dá	芬达	193
fén jiǔ	汾酒	197
fěn guǒ	粉果	138
fěn hóng jiā rén	粉红佳人	208
fěn hóng pú tao jiǔ	粉红葡萄酒	204
fěn pí	粉皮	96
fěn sī	粉丝	95
fěn táng	粉糖	108
fěn zhēng	粉蒸	31
fēng táng jiāng	枫糖浆	114
fēng mì	蜂蜜	112
fèng wěi	凤尾	20
fèng wěi duì xiā	凤尾对虾	20
fèng zhǎo	凤爪	43
fó shǒu	佛手	20
fó shǒu gān	佛手柑	88
fó shǒu guā	佛手瓜	20
fó tiào qiáng	佛跳墙	14
fú jiàn cài	福建菜	7
fú jiàn chǎo fàn	福建炒饭	136
fú róng	芙蓉	20
fú róng xiè	芙蓉蟹	20
fú tè jiā dǐ	伏特加底	209
fú tè jiā jiǔ	伏特加酒	201
fú tè jiā mǎ dīng ní	伏特加马丁尼	209
fú tè jiā tāng lì	伏特加汤力	209
fǔ pí	腐皮	96
fǔ rǔ	腐乳	95, 113
fǔ zhú	腐竹	96
fù guì xiā	富贵虾	59
fù pén zi	覆盆子	90
fù qiáng fěn	富强粉	97

G

gā li	咖喱	157
gā li fàn	咖喱饭	149, 164
gā li fěn	咖喱粉	107
gā li jī	咖喱鸡	151
gā li niú ròu	咖喱牛肉	153
gài wǎn	盖碗	187, 225
gān	肝	44, 46
gān bào	干鲍	104
gān bèi	干贝	104
gān biān	干煸	27
gān cǎo	甘草	81
gān guō	干锅	17
gān huò	干货	100
gān jiàng	肝酱	48
gān jiāng shuǐ	干姜水	193
gān lán cài	甘蓝菜	66
gān lào	干酪	110, 151, 161
gān lù cài	甘露菜	72
gān lù kā fēi niú nǎi	甘露咖啡牛奶	214
gān shāo	干烧	27
gān shǔ	甘薯	71
gān sī	干丝	94
gān sǔn	干笋	104
gān xiāng jiǔ	柑香酒	201
gān yì	干邑	201
gān zhá	干炸	29
gǎn lán	橄榄	75, 92, 149
gǎn lán yóu	橄榄油	106
gǎn miàn bàng	擀面棒	221
gāo dì kù lè	高地库勒	212
gāo jīn miàn fěn	高筋面粉	97
gāo lì cài	高丽菜	66
gāo liáng	高粱	80
gāo yā guō	高压锅	218
gē dàn	鸽蛋	50
gē lún bǐ yà	哥伦比亚	190
gē zi	鸽子	38
gé li	蛤蜊	61, 127
gēng	羹	28
gōng bǎo jī dīng	宫保鸡丁	11

246

拼音	汉字	页码
gōng fū chá	功夫茶	188
gōng kuài	公筷	224
gōng tíng cài	宫廷菜	7
gōng yì chá	工艺茶	186
gōng yú	公鱼	58
gòng cài	贡菜	104
gòng wán tāng	贡丸汤	16
gǒu qǐ	枸杞	81
gǒu ròu	狗肉	36
gǒu ròu guō	狗肉锅	13
gǔ lǎo ròu	古老肉	12
gǔ lèi	谷类	79
guà miàn	挂面	97
guài wèi	怪味	21
guài wèi jī	怪味鸡	11, 21
guān dōng zhǔ	关东煮	164
guàn nǎi yóu	掼奶油	179
guàn tāng bāo	灌汤包	132
guǎng dōng cài	广东菜	7
guī líng gāo	龟苓膏	141, 169
guī yú	鲑鱼	57
guī yú zi	鲑鱼子	63
guì huā	桂花	21
guì huā chá	桂花茶	185
guì huā chén jiǔ	桂花陈酒	199
guì huā jiàng	桂花酱	107
guì huā yù nǎi	桂花芋艿	21
guì yú	鳜鱼	56
guì yú	桂鱼	9, 56
guì yuán	桂圆	90
guō	锅	220
guō gài	锅盖	220
guō tiē	锅贴	118, 127, 140
guǒ dòng	果冻	177
guǒ jiàng	果酱	109, 150
guǒ jiǔ	果酒	201
guǒ xī	果昔	195
guǒ zhī	果汁	193
guò qiáo mǐ xiàn	过桥米线	17, 121

H

拼音	汉字	页码
hā dòu	哈斗	176
hā ěr bīn	哈尔滨	204
hā mì guā	哈密瓜	88
hǎi dài	海带	62, 101
hǎi dǎn	海胆	61
hǎi guā zi	海瓜子	60
hǎi màn	海鳗	55
hǎi mián dàn gāo	海绵蛋糕	177
hǎi nán jī fàn	海南鸡饭	158
hǎi shēn	海参	62, 129
hǎi táng	海棠	85
hǎi xiān	海鲜	12, 16, 17, 52, 146
hǎi xiān jiān bǐng	海鲜煎饼	157
hǎi xiān jiàng	海鲜酱	107
hǎi xiān miàn	海鲜面	154
hǎi zhé	海蜇	61, 101
hán guó cài	韩国菜	143
hán guó pào cài	韩国泡菜	157
hán guó shāo kǎo	韩国烧烤	157
hán xiū cǎo	含羞草	214
hàn bǎo	汉堡	153
hàn bǎo bāo	汉堡包	161
háo chǐ	蚝豉	104
háo yóu	蚝油	106
hǎo lì kè	好力克	195
hé bāo dàn miàn	荷包蛋面	124
hé fěn	河粉	98, 122, 158
hé lán dòu	荷兰豆	74
hé lán qín	荷兰芹	83
hé táo lào	核桃酪	169
hé tún	河豚	55
hé xiā	河虾	56
hé xiān	河鲜	56
hé yè	荷叶	21
hé yè fěn zhēng ròu	荷叶粉蒸肉	21
hé zǎi jiān	蚵仔煎	16
hēi chá	黑茶	184
hēi é	黑俄	210
hēi guā zi	黑瓜子	92
hēi jiā lún	黑加仑	89
hēi mài miàn bāo	黑麦面包	181
hēi mǐ	黑米	79
hēi mǐ mán tou	黑米馒头	132
hēi pí jiǔ	黑啤酒	201
hēi sēn lín	黑森林	176
hēi yú zi	黑鱼子	63, 149
hēi zǎo	黑枣	103
héng bīn	横滨	209
hōng	烘	30
hóng bān	红斑	53

hóng cài tái	红菜薹	67
hóng chá	红茶	184, 190
hóng cù	红醋	105
hóng dòu	红豆	73
hóng dòu tāng	红豆汤	168
hóng huì niú ròu	红烩牛肉	153
hóng jiāo	红椒	73
hóng jiǔ	红酒	203
hóng jiǔ bēi	红酒杯	225
hóng luó bo	红萝卜	70
hóng máo dān	红毛丹	90
hóng mǐ	红米	79
hóng pú tao jiǔ	红葡萄酒	203
hóng shāo	红烧	27
hóng shāo shī zi tóu	红烧狮子头	17
hóng shāo yú chì	红烧鱼翅	12
hóng shāo zhǒu zi	红烧肘子	13
hóng táng	红糖	107
hóng xún fàn	红鲟饭	14
hóng yǎn jīng	红眼睛	215
hóng yóu	红油	114
hóng zāo	红糟	113
hóng zǎo	红枣	103
hòu tuǐ	后腿	40, 42
hú dié sū	蝴蝶酥	179
hú jiāo	胡椒	81, 108
hú luó bo	胡萝卜	70, 129
hú nán cài	湖南菜	7
hú táo	胡桃	92
hǔ pái	虎牌	205
hǔ pí	虎皮	21
hǔ pí jiān jiāo	虎皮尖椒	21
hǔ pò	琥珀	21
hǔ pò hé táo	琥珀核桃	21
hǔ tóu gǒu	虎头狗	210
hǔ tóu yú	虎头鱼	52
hù cài	沪菜	7, 9
huā	花	33
huā cài	花菜	73
huā chá	花茶	185
huā diāo jiǔ	花雕酒	198
huā gé	花蛤	60
huā gū	花菇	77, 103
huā jiāo	花椒	83, 101
huā juǎn	花卷	133
huā lián yú	花鲢鱼	56
huā shēng	花生	72, 92
huā shēng jiàng	花生酱	113
huā shēng lù	花生露	170
huā shēng táng bù shuǎi	花生糖不甩	174
huā shēng yóu	花生油	112
huā shì dàn gāo	花式蛋糕	178
huā zhī	花枝	61
huá chǎo	滑炒	26
huá fū bǐng	华夫饼	180
huá liū	滑溜	30
huá shuǐ	划水	65
huái yáng cài	淮扬菜	7
huàn yú	鲩鱼	57
huáng chá	黄茶	185
huáng dòu fěn	黄豆粉	94
huáng dòu yá	黄豆芽	78
huáng guā	黄瓜	74
huáng huā cài	黄花菜	74, 101
huáng huā yú	黄花鱼	52
huáng jiā qí ěr	皇家其尔	213
huáng jiàng	黄酱	113
huáng jiǔ	黄酒	198
huáng mǐ	黄米	80
huáng ní luó	黄泥螺	57, 102
huáng shàn	黄鳝	57
huáng yóu	黄油	112, 152
huáng yú miàn	黄鱼面	123
huí guō ròu	回锅肉	3, 11
huí xiāng	茴香	81, 127
huí xiāng jiǔ	茴香酒	203
huì	烩	28
huì fàn	烩饭	135
huì miàn	烩面	122
huì niú shé	烩牛舌	151
hūn cài	荤菜	146
hún tún	馄饨	119
hún tún miàn	馄饨面	12
huǒ guō	火锅	219
huǒ jī	火鸡	37
huǒ lóng guǒ	火龙果	87
huǒ tuǐ	火腿	48, 102, 152
huǒ tuǐ sān míng zhì	火腿三明治	161
J		
jī	鸡	44

jī chì	鸡翅	43		jiān jī dàn	煎鸡蛋	155
jī dàn	鸡蛋	50		jiān yú	煎鱼	150
jī dàn juǎn	鸡蛋卷	163		jiān yú	鲣鱼	53
jī gǔ jià	鸡骨架	43		jiān zhá diǎn	煎炸点	139
jī jīng	鸡精	110		jiǎn	碱	107
jī liǔ	鸡柳	43		jiǎn dāo	剪刀	220
jī máo cài	鸡毛菜	67		jiàn nán chūn	剑南春	197
jī pú	鸡脯	43		jiàn yú	剑鱼	55
jī ròu	鸡肉	38, 43		jiàn zi	腱子	42
jī ròu chuan	鸡肉串	167		jiāng	姜	82
jī ròu dōng sǔn	鸡肉冬笋	129		jiāng dòu	豇豆	74, 127
jī sù shāo	鸡素烧	165		jiāng mǐ	江米	80
jī tāng	鸡汤	151		jiāng zhī zhuàng nǎi	姜汁撞奶	169
jī tuǐ	鸡腿	43		jiàng	酱	32, 114
jī wěi bēi	鸡尾杯	200, 207		jiàng bào	酱爆	27
jī wěi jiǔ	鸡尾酒	201, 207		jiàng cài	酱菜	102
jī xiōng	鸡胸	43		jiàng ròu bāo	酱肉包	133
jī xuè	鸡血	48		jiàng tāng	酱汤	167
jī yóu	鸡油	111		jiàng yóu	酱油	109
jī yú	鸡鱼	52		jiàng zhǔ	酱煮~	163
jī zhuǎ	鸡爪	43		jiāo bái	茭白	70
jí lì dīng	吉力丁	102, 110		jiǎo ròu	绞肉	38
jí liè	吉列	30		jiāo táng	焦糖	107
jí ní sī	吉尼斯	204		jiāo táng bù dīng	焦糖布丁	149
jì cài	荠菜	68		jiāo yán	椒盐	21, 109
jì cài dà hún tún	荠菜大馄饨	10		jiāo yán pái gǔ	椒盐排骨	21
jì yú	鲫鱼	58		jiǎo zi	饺子	117, 127
jiā bīng	加冰	205		jiǎo zi tāng	饺子汤	127
jiā cháng	家常	21		jiào fù	教父	212
jiā cháng dòu fu	家常豆腐	21		jiào mǔ	酵母	105
jiā fàn jiǔ	加饭酒	198		jié kè méi guì	捷克玫瑰	213
jiā jí yú	加级鱼	54		jiè lán	芥蓝	66
jiā rè	加热	205		jiè mo	芥末	81, 107
jiā shì bó	嘉士伯	204		jīn bā kè	金巴克	208
jiā shuǐ	加水	205		jīn fèi shì	金费士	208
jiā xiāng	家乡	21		jīn huá huǒ tuǐ	金华火腿	47, 101
jiā xiāng ròu	家乡肉	21		jīn jiǔ	金酒	202
jiā zhōu juǎn	加州卷	164		jīn jiǔ dǐ	金酒底	207
jiā zhōu níng méng	加州柠檬	212		jīn jú	金橘	86
jiā zi	夹子	220		jīn qián	金钱	21
jiá xīn ròu	夹心肉	40		jīn qián dù	金钱肚	46
jiǎ yú	甲鱼	57		jīn qián ròu	金钱肉	21
jiān	煎	30		jīn qiāng yú	金枪鱼	55
jiān bǐng	煎饼	117		jīn qiāng yú sān míng zhì	金枪鱼三明治	161
jiān dàn juǎn	煎蛋卷	148		jīn qiāng yú sè lā	金枪鱼色拉	151

249

pinyin	汉字	页码
jīn sī guā	金丝瓜	74
jīn tāng lì	金汤力	208
jīn wàn lì	金万利	201
jīn zhēn cài	金针菜	74, 101
jīn zhēn gū	金针菇	77
jìn	浸	30
jīng cài	京菜	7, 8
jīng dū	京都	21
jīng dū pái gǔ	京都排骨	21
jīng jiàng ròu sī	京酱肉丝	8
jīng mǐ	粳米	79
jìng ròu	颈肉	40, 42
jiǔ bā	酒吧	145
jiǔ cài	韭菜	72, 129
jiǔ cài huā	韭菜花	112
jiǔ céng tǎ	九层塔	82
jiǔ huā	韭花	72
jiǔ huáng	韭黄	72, 128
jiǔ niàng	酒酿	105
jiǔ niàng yuán zi	酒酿园子	169
jú huā chá	菊花茶	185
jú jù	菊苣	68
jú zi	橘子	89
juǎn	卷	21
juǎn xīn cài	卷心菜	66
jūn shān yín zhēn	君山银针	185

K

pinyin	汉字	页码
kā fēi	咖啡	189
kā fēi tīng	咖啡厅	144
kǎ bù qí nuò	卡布其诺	189
kǎ bù qiē nuò	卡布切诺	189
kǎ shì dá jiàng	卡士达酱	176
kāi kǒu xiào	开口笑	173
kāi píng qì	开瓶器	223
kāi shuǐ	开水	192, 205
kāi wèi cài	开胃菜	145
kāi xīn guǒ	开心果	92
kāi yáng	开洋	104
kǎi sā sè lā	凯撒色拉	150
kǎo	烤	30
kǎo bǐng	烤饼	158
kǎo fū	烤麸	98
kǎo lèi	烤类	172
kǎo màn yú	烤鳗鱼	163
kǎo miàn bāo jī	烤面包机	219
kǎo niú ròu	烤牛肉	156
kǎo pái	烤排	156
kǎo pén	烤盆	219
kǎo quán jī	烤全鸡	156
kǎo rǔ zhū	烤乳猪	12
kǎo xiāng	烤箱	218
kǎo yáng ròu	烤羊肉	9
kǎo yú	烤鱼	167
kē luó nà	科罗娜	204
kě kě	可可	195
kě kě fěn	可可粉	108
kě kǒu kě lè	可口可乐	192
kě lè	可乐	192
kěn bā lì	肯巴利	201
kěn bā lì chéng zhī	肯巴利橙汁	214
kěn bā lì sū dá	肯巴利苏打	214
kōng xīn cài	空心菜	66
kǒu shuǐ	口水	21
kǒu shuǐ jī	口水鸡	21
kǒu xiāng táng	口香糖	181
kòu	扣	31
kòu sān sī	扣三丝	22
kǔ dīng chá	苦丁茶	186
kǔ guā	苦瓜	75
kuài	块	33
kuài cān	快餐	145, 160
kuài jià	筷架	224
kuài zi	筷子	224
kuàng quán shuǐ	矿泉水	192, 206
kuí guā zi	葵瓜子	92
kūn bù	昆布	62, 101

L

pinyin	汉字	页码
lā miàn	拉面	98, 121
lā tiáo zi	拉条子	122
là cháng	腊肠	47, 102
là gēn	辣根	84, 113, 114
là jiàng yóu	辣酱油	105
là jiāo	辣椒	83
là jiāo jiàng	辣椒酱	111, 158
là ròu	腊肉	47
là ròu miàn	辣肉面	124
là wèi hé zhēng	腊味合蒸	17
lài niào xiā	赖尿虾	59
lán dài	蓝带	205
lán méi	蓝莓	89

lán sè xià wēi yí	蓝色夏威夷	211	liǎng miàn huáng	两面黄	123
lán shān	蓝山	190	liào jiǔ	料酒	114
lán yuè liang	蓝月亮	208	líng jiǎo	菱角	75
lán zhōu lā miàn	兰州拉面	122	líng shí	零食	181
lǎng mǔ jiǔ	朗姆酒	203	liū	溜	27
lǎng mǔ jiǔ dǐ	朗姆酒底	210	liǔ chéng	柳橙	85
lāo miàn	捞面	121	lóng dòu	龙豆	74
lǎo chén cù	老陈醋	108	lóng jǐng	龙井	22
lǎo chōu	老抽	110	lóng jǐng chá	龙井茶	183
lǎo dòu fu	老豆腐	96	lóng jǐng xiā rén	龙井虾仁	22
lǎo jī	老鸡	38	lóng shé lán	龙舌兰	202
lǎo jiǔ	老酒	198	lóng xiā	龙虾	59, 60
lǎo miàn	老面	98	lóng xū miàn	龙须面	123
lǎo shǔ bān	老鼠斑	54	lóng yǎn	龙眼	90
lào	烙	31	lòu pén	漏盆	219
lào lí	酪梨	85	lòu sháo	漏勺	218
lào wō niú	烙蜗牛	148	lú huì	芦荟	66
lè shā	叻沙	159	lú sǔn	芦笋	70
lèi shā yuán	擂沙圆	173	lú yú	鲈鱼	54
lèi tiáo	肋条	41	lǔ	卤	22, 32
lěng dòu fu	冷豆腐	167	lǔ cài	鲁菜	7
lěng miàn	冷面	122, 159	lǔ jī gān	卤鸡肝	22
lí	梨	87	lǔ ròu fàn	卤肉饭	16
lǐ	李	87	lǔ shuǐ	卤水	22
lǐ jǐ	里脊	41, 43	lǔ zhī	卤汁	22
lǐ yú	鲤鱼	56	lǔ zhū xià shuǐ	卤猪下水	24
lì	粒	33	lù ròu	鹿肉	37
lì bō	力波	204	luó bo	萝卜	71, 129
lì jiāo jiǔ	力娇酒	203	luó bo sū	萝卜酥	139
lì kǒu bēi	利口杯	200	luó hàn zhāi	罗汉斋	3
lì kǒu jiǔ	利口酒	203	luó lè	罗勒	83
lì kǒu jiǔ dǐ	利口酒底	214	luó sī dāo	螺丝刀	209
lì zi	栗子	91	luó sòng tāng	罗宋汤	154
lì zhī	荔枝	90	luǒ mài	裸麦	80
lián ǒu	莲藕	130	luò kuí	落葵	68
lián róng bāo	莲蓉包	133, 172	lǘ dǎ gǔn	驴打滚	171
lián wù	莲雾	90	lǘ ròu	驴肉	39
lián yú	鲢鱼	57	lǚ bó	铝箔	218
lián zi	莲子	88, 92, 103	lǜ chá	绿茶	183
liàn rǔ	炼乳	109	lǜ dòu	绿豆	76
liáng bàn	凉拌	31	lǜ dòu fěn	绿豆粉	114
liáng fěn	凉粉	119, 123, 169	lǜ dòu gāo	绿豆糕	172
liáng kāi shuǐ	凉开水	192	lǜ dòu shā	绿豆沙	96
liáng pí	凉皮	96	lǜ dòu tāng	绿豆汤	170
liǎng chī	两吃	22	lǜ dòu zhōu	绿豆粥	136

M

má dòu fu	麻豆腐	8, 96
má huā	麻花	173
má là	麻辣	22
má là dòu fu	麻辣豆腐	22
má pó dòu fu	麻婆豆腐	3, 11
má què	麻雀	38
má yóu	麻油	108
mǎ dīng ní	马丁尼	208
mǎ fēn	玛芬	180
mǎ gé lì tè	玛格丽特	211
mǎ hā yú	马哈鱼	57
mǎ jiāo yú	马鲛鱼	54
mǎ kǎ lóng	马卡龙	179
mǎ kè bēi	马克杯	225
mǎ lā gāo	马拉糕	139, 172
mǎ lán tóu	马兰头	67
mǎ líng shǔ	马铃薯	70
mǎ miàn yú	马面鱼	53
mǎ qí lín	玛琪淋	113
mǎ tí	马蹄	70, 128
mǎ tí fěn	马蹄粉	107
mǎ tí gāo	马蹄糕	171
mài piàn	麦片	150
mài yá táng	麦芽糖	112
mán tou	馒头	118, 133
màn hā dùn	曼哈顿	212
màn yuè méi	蔓越莓	86
máng guǒ	芒果	89
máng guǒ bù dīng	芒果布丁	142, 170
máng guǒ zhī	芒果汁	194
māo ěr duo	猫耳朵	122
máo dòu	毛豆	73
máo dù	毛肚	45
máo tái jiǔ	茅台酒	197
máo xiè	毛蟹	59
máo zhú	毛竹	71
méi guì	玫瑰	22
méi guì fǔ rǔ	玫瑰腐乳	22, 95
méi guì lù jiǔ	玫瑰露酒	199
méi guì qié	玫瑰茄	185
méi jiǔ	梅酒	199
méi zi	梅子	85
měi guó níng méng	美国柠檬	213
měi lù	美禄	196
měi zhōu tǔ shǔ wǔ	美洲土薯舞	215
mèn	焖	28
mí dí xiāng	迷迭香	84
mí hóu táo	猕猴桃	86
mǐ	米	33
mǐ cù	米醋	109
mǐ fěn	米粉	97, 99, 122
mǐ jiǔ	米酒	109
mǐ xī	米西	68
mǐ zhǐ juǎn	米纸卷	158
mì guā	蜜瓜	89
mì zhǎo	蜜枣	93
mì zhī	蜜汁	22
mì zhī chā shāo	蜜汁叉烧	22
mì zhī huǒ tuǐ	蜜汁火腿	17
mián huā dàn gāo	棉花蛋糕	177
miàn bāo	面包	153, 180
miàn bāo bù dīng	面包布丁	179
miàn bāo diàn	面包店	145
miàn bāo zhā	面包扎	112
miàn fěn	面粉	97
miàn jīn	面筋	98
miàn jīn sāi ròu	面巾塞肉	22
miàn tiáo	面条	118, 121
mín zú fēng wèi cān	民族风味餐	157
mǐn cài	闽菜	7, 14
míng fán	明矾	114
míng jiāo	明胶	102, 110
míng xiā	明虾	59
mó dǎng	磨裆	40
mó fǎng niǎo	模仿鸟	211
mó gū	蘑菇	77, 78
mó kǎ	摩卡	190
mó yú	魔芋	71
mò	末	33
mò hēi tuō	莫黑脱	211
mò lì huā chá	茉莉花茶	185
mò sī kē lǎo	莫斯科佬	210
mò yú	墨鱼	61
mǔ jī	母鸡	39
mǔ lì	牡蛎	60
mù ěr	木耳	77, 100
mù guā	木瓜	88
mù guā niú nǎi	木瓜牛奶	195
mù guā sè lā	木瓜色拉	158

mù méi	木莓	90
mù sī	慕斯	180
mù xī	木樨	22
mù xū	木须	22
mù xū ròu	木须肉	22

N

ná pò lún	拿破仑	178
ná tiě	拿铁	189
nà dòu	纳豆	166
nǎi chá	奶茶	191
nǎi fěn	奶粉	113
nǎi huáng bāo	奶皇包	131, 138, 171
nǎi huáng bāo	奶黄包	131, 138, 171
nǎi lào	奶酪	8, 110, 151, 161, 169
nǎi xī	奶昔	160, 195
nǎi yóu	奶油	107, 111, 112, 152
nǎi yóu dàn gāo	奶油蛋糕	177
nǎi yóu pào fú	奶油泡芙	177
nǎi yóu tāng	奶油汤	149
nán dòu fu	南豆腐	95
nán guā	南瓜	73
nán guā bǐng	南瓜饼	174
nán guā zi	南瓜子	91
nán rǔ	南乳	96, 113
nán xìng	南杏	91
náng	馕	158
nǎo	脑	46
nèi gé luó ní	内格罗尼	208
nèn dòu fu	嫩豆腐	95
ní	泥	33
ní kè lā xī kǎ	尼克拉西卡	213
nián gāo	年糕	99, 118
nián yú	鲶鱼	57
niàng	酿	32
níng méng	柠檬	90
níng méng chá	柠檬茶	191
níng méng zhī	柠檬汁	195
niú	牛	44
niú gǔ	牛骨	42
niú liǔ	牛柳	43
niú nǎi	牛奶	195
niú nǎn	牛腩	42
niú pái	牛排	150
niú ròu	牛肉	37, 42
niú ròu dùn tǔ dòu	牛肉炖土豆	166
niú ròu gài fàn	牛肉盖饭	165
niú ròu huá cháng fěn	牛肉滑肠粉	140
niú ròu qīng cháng tāng	牛肉清汤	153
niú ròu qiú	牛肉球	138
niú tóu	牛头	42
niú tuǐ	牛腿	43
niú wěi	牛尾	42
niú yóu	牛油	43, 113
niú yóu dàn gāo	牛油蛋糕	179
niǔ yuē	纽约	212
nóng suō kā fēi	浓缩咖啡	189
nuǎn píng	暖瓶	221
nuǎn shuǐ hú	暖水壶	221
nuò mǐ	糯米	80
nuò mǐ fěn	糯米粉	97

O

ǒu	藕	70

P

pá	扒	28
pá yáng pái	扒羊排	155
pà ní ní	帕尼尼	161
pāi	拍	34
pái chì	排翅	103
pái gǔ	排骨	41
pái gǔ nián gāo	排骨年糕	125
pài	派	178
pán	盘	222
pán táo	蟠桃	88
páng xiè	螃蟹	59
pào fàn	泡饭	135, 164, 165
péi gēn	培根	48, 154, 162
pén	盆	221
pén zi	盆子	224
pēng tiáo	烹调用具	218
péng hāo cài	蓬蒿菜	67
pí dàn	皮蛋	50
pí dàn shòu ròu zhōu	皮蛋瘦肉粥	141
pí jiǔ	啤酒	202
pí jiǔ dǐ	啤酒底	215
pí pá	琵琶	22
pí pá	枇杷	88
pí pá yā	琵琶鸭	22
pī sà	匹萨	153, 162
piàn	片	34
pīn pán	拼盘	148

pǐn nà kè lā dá	品那克拉达	211
píng dǐ bēi	平底杯	200
píng dǐ guō	平底锅	220
píng guǒ	苹果	90
píng guǒ chá	苹果茶	191
píng guǒ pài	苹果派	176
píng guǒ zhī	苹果汁	193
píng yú	平鱼	55
pú tao	葡萄	88
pú tao jiǔ bēi	葡萄酒杯	200
pú tao gān	葡萄干	93
pú tao jiǔ	葡萄酒	203
pú tao jiǔ dǐ	葡萄酒底	213
pú tao yòu	葡萄柚	86
pǔ ěr chá	普洱茶	184

Q

qī xǐ	七喜	193
qí chéng	脐橙	87
qí ěr	其尔	213
qí mén hóng chá	祁门红茶	184
qí qí	琪琪	209
qí yì guǒ	奇异果	86
qí yú	旗鱼	52
qǐ zi	起子	223
qì guō jī	汽锅鸡	17
qì shuǐ	汽水	192
qiān céng	千层	22
qiān céng dàn gāo	千层蛋糕	178
qiān céng gāo	千层糕	172
qiān céng miàn	千层面	155
qiān céng pài	千层派	180
qiān céng sū	千层酥	22
qiān dǎo shā sī	千岛沙司	109, 150
qiàng	炝	32
qiáo mài	荞麦	80, 97
qiáo mài lěng miàn	荞麦冷面	165
qiáo mài miàn	荞麦面	97, 166
qiǎo kè lì	巧克力	178
qiǎo kè lì dàn gāo	巧克力蛋糕	151, 178
qiē	切	34
qiē cài bǎn	切菜板	221
qié zi	茄子	75
qín cài	芹菜	71, 128
qín lěi	琴蕾	207
qīng cài	青菜	68, 127
qīng cǎo zhà měng	青草蚱蜢	214
qīng chá	青茶	183
qīng chǎo	清炒	26
qīng dǎo pí jiǔ	青岛啤酒	204
qīng dòu	青豆	74
qīng jiāo	青椒	75, 130
qīng jiāo chǎo ròu sī	青椒炒肉丝	3
qīng jiǔ	清酒	202
qīng kā fēi	清咖啡	190
qīng níng méng	青柠檬	90
qīng níng zhī	青柠汁	194
qīng tāng	清汤	165
qīng tuán	青团	172
qīng xiè	青蟹	60
qīng yú	鲭鱼	53
qīng yú	青鱼	56
qīng zhà	清炸	29
qīng zhēn cài	清真菜	7, 14
qīng zhēng	清蒸	31
qīng zhēng shí bān yú	清蒸石斑鱼	12
qīng zhēng shí yú	清蒸鲥鱼	17
qióng zhī	琼脂	100, 107
qiū dāo yú	秋刀鱼	54
qiū kuí	秋葵	73
qiú	球	22
qǔ qí	曲奇	176
quán mài miàn bāo	全麦面包	181
qún hǎi dài	裙海带	62

R

rè gān miàn	热干面	122
rè gǒu	热狗	162
rè jī wěi jiǔ	热鸡尾酒	215
rè nǎi yóu lǎng mǔ	热奶油朗姆	215
rén zào huáng yóu	人造黄油	113
rì běn cài	日本菜	144, 163
rì shì huǒ guō	日式火锅	167
rì shì jiàng cài	日式酱菜	166
rì shì lā miàn	日式拉面	167
rì shì zhá jī kuài	日式炸鸡块	166
rì shì zhēng dàn	日式蒸蛋	166
róng	茸	34
ròu	肉	36
ròu bāo	肉包	118
ròu bǐng	肉饼	118
ròu dòu kòu	肉豆蔻	83

ròu gān	肉干	48, 182	shān jī	山鸡	37
ròu gǔ chá	肉骨茶	158	shān jiāo	山椒	82
ròu guì	肉桂	82	shān kuí	山葵	84, 114
ròu jiàng miàn	肉酱面	154	shān yao	山药	72
ròu mò	肉末	38	shān yù	山芋	71
ròu pú	肉脯	48, 104	shān zhā	山楂	86
ròu sī qīng cài chǎo miàn	肉丝青菜炒面	124	shān zhā chá	山楂茶	186
ròu sōng	肉松	48, 103	shān zhā zhī	山楂汁	194
ròu wán	肉丸	155	shān zhú	山竹	89
ròu wán zi	肉丸子	24	shǎn diàn pào fú	闪电泡芙	176
ròu zòng	肉粽	136	shàn bèi	扇贝	61
rǔ zhū	乳猪	37	shàn niàng jiǔ	善酿酒	198
ruǎn shāo	软烧	27	shàn sī miàn	鳝丝面	123
ruǎn yǐn liào	软饮料	192, 206	shàn yú	鳝鱼	57
ruǎn zhá	软炸	30	shàng hǎi cài	上海菜	7
S			shàng nǎo	上脑	40, 42
sà qí mǎ	萨其马	173	shàng tāng shuǐ jiǎo	上汤水饺	141
sāi	塞	22	shāo	烧	27
sān bēi jī	三杯鸡	16	shāo bǐng	烧饼	117
sān bù nián	三不粘	17, 174	shāo kǎo	烧烤	30, 152
sān dé lì	三得利	205	shāo kǎo diàn	烧烤店	145
sān dīng bāo	三丁包	133	shāo mài	烧卖	117, 138
sān míng zhì	三明治	160	shāo zhòu	烧酎	202
sān sī	三丝	22	sháo zi	勺子	218
sān wén yú	三文鱼	57	shào xīng jiǔ	绍兴酒	198
sān xiān	三鲜	23, 128	shé	舌	44, 45
sān xiān miàn	三鲜面	123	shé gēng	蛇羹	12
sān xiān shuǐ jiǎo	三鲜水饺	23	shé ròu	蛇肉	39
sǎn chì	散翅	103	shēng cài	生菜	69
sāng shèn	桑葚	86	shēng chǎo	生炒	26
sè lā	色拉	146	shēng fěn	生粉	97, 106
sè lā jiàng	色拉酱	111, 152, 161	shēng huǒ tuǐ	生火腿	47
shā chá jiàng	沙茶酱	109	shēng jiān bāo	生煎包	133
shā chá niú ròu	沙茶牛肉	14	shēng jiān mán tou	生煎馒头	10
shā dīng yú	沙丁鱼	52	shēng lì	生力	204
shā guō	砂锅	23, 220	shēng pí	生啤	202
shā guō bái ròu	砂锅白肉	23	shēng rì dàn gāo	生日蛋糕	178
shā lā	沙拉	146	shēng yú piàn	生鱼片	165
shā lā jiàng	沙拉酱	111, 114, 152, 155, 162	shèng dài	圣代	150
shā lā yóu	沙拉油	109	shèng pèi lù	圣佩露	192
shā lǜ	沙律	23	shī jīn	湿巾	222
shā lǜ hǎi xiān juǎn	沙律海鲜卷	23	shí bān yú	石斑鱼	55
shā yú	鲨鱼	53	shí guǒ bīn zhì	什果宾治	154
shāi zi	筛子	220	shí jǐn	什锦	23
shān dōng cài	山东菜	7	shí jǐn chǎo fàn	什锦炒饭	23, 135

shí liú	石榴	86	sì bǎo zhōu	四宝粥	23
shí liú táng jiāng	石榴糖浆	206	sì chuān cài	四川菜	7
shí yú	鲥鱼	9, 58	sì jì dòu	四季豆	73
shì jiè zhǔ yì	世界主义	209	sì jiǎo dòu	四角豆	74
shì zi	柿子	86	sì xǐ	四喜	23
shǒu sī	手撕	23	sì xǐ wán zi	四喜丸子	23
shǒu sī bǐng	手撕饼	23	sōng	松	34
shòu sī	寿司	165	sōng bǐng	松饼	180
shòu sī juǎn	寿司卷	167	sōng gāo	松糕	171
shòu ròu	瘦肉	36, 141	sōng huā dàn	松花蛋	50
shòu táo	寿桃	172	sōng lù	松露	77, 152
shū fú lěi	舒扶蕾	177	sōng róng	松茸	78
shū cài	蔬菜	66, 146	sōng shǔ	松鼠	23
shū cài sè lā	蔬菜色拉	149	sōng shǔ guì yú	松鼠桂鱼	23
shú shí diàn	熟食店	144	sōng zi	松子	93
shǔ piàn	薯片	182	sōng zǐ yù mǐ	松子玉米	13
shuā zi	刷子	220	sū dǎ bǐng gān	苏打饼干	177
shuǎi shuǐ	甩水	65	sū dǎ fěn	苏打粉	113
shuàn	涮	29	sū dǎ shuǐ	苏打水	193, 206
shuàn niú ròu	涮牛肉	165	sū gé lán wēi shì jì	苏格兰威士忌	202
shuàn yáng ròu	涮羊肉	8, 9, 15	sū zhà	酥炸	30
shuāng céng hàn bǎo bāo	双层汉堡包	160	sù cài	素菜	7
shuāng dōng	双冬	20	sù jī miàn	素鸡面	125
shuāng pí nǎi	双皮奶	170	sù jiǎo	素饺	128
shuāng wèi	双味	23	sù méi jiàng	素梅酱	106
shuǐ	水	192	sù mǐ	粟米	75
shuǐ guǒ	水果	85	sù róng kā fēi	速溶咖啡	189
shuǐ guǒ chá	水果茶	186, 191	suān cài	酸菜	13, 129
shuǐ guǒ gēng	水果羹	170	suān cài yú	酸菜鱼	11
shuǐ hú	水壶	221	suān cài zhū ròu dùn fěn tiáo	酸菜猪肉炖粉条	13
shuǐ jiān bāo	水煎包	133	suān dòu jiǎo ròu ní	酸豆角肉泥	17
shuǐ jiǎo	水饺	8, 127	suān huáng guā	酸黄瓜	162
shuǐ jìn	水浸	29	suān là	酸辣	23
shuǐ jīng	水晶	23	suān là tāng	酸辣汤	11, 23
shuǐ jīng bāo	水晶包	138	suān méi tāng	酸梅汤	196
shuǐ jīng ròu	水晶肉	23	suān nǎi	酸奶	180, 195
shuǐ jīng yáo ròu	水晶肴肉	17	suàn miáo	蒜苗	72
shuǐ qín	水芹	67	suàn tóu	蒜头	83
shuǐ xiān	水仙	183	suàn xiāng miàn bāo	蒜香面包	149
shuǐ zhǔ dàn	水煮蛋	154	sǔn	笋	71
shuǐ zhǔ niú ròu	水煮牛肉	11	**T**		
sī	丝	34	tā	熠	28
sī guā	丝瓜	76	tā	塌	28, 31
sī pǔ mò ní	斯普莫尼	214	tā cài	塌菜	67
sì bǎo	四宝	23	tā sì mì	它似蜜	15

tǎ	塔	177
tà	挞	177
tái wān cài	台湾菜	7, 15
tái yú	鲐鱼	53
tài guó cài	泰国菜	144
tài jí	太极	23
tài jí dòu fu	太极豆腐	23
tài jí shuāng wèi yú	太极双味鱼	23
tāng	汤	145
tāng bāo	汤包	117, 132
tāng chí	汤匙	218, 223
tāng jiǎo	汤饺	127
tāng jiǎo zi	汤饺子	140
tāng lèi	汤类	168
tāng lì shuǐ	汤力水	193, 206
tāng mǔ kě lěng shì	汤姆可冷士	208
tāng nián gāo	汤年糕	125
tāng tuán	汤团	171
tāng wǎn	汤碗	223
tāng yuán	汤圆	171
táng	糖	181
táng bāo	糖包	132
táng cù	糖醋	24
táng cù lǐ ji	糖醋里脊	24
táng cù lǐ yú	糖醋鲤鱼	17
táng cù pái gǔ	糖醋排骨	3
táng hú lu	糖葫芦	174
táng sān jiǎo	糖三角	132
táng shuǐ	糖水	110
táng suàn	糖蒜	103
tàng	烫	29
táo zi	桃子	89
tào cān	套餐	146, 166
tè jī lā	特基拉	202
tè jī lā dǐ	特基拉底	211
tè jī lā rì chū	特基拉日出	211
tí jīn	蹄筋	45, 100
tí lā mǐ sū	提拉米苏	152, 178
tí páng	蹄膀	41
tiān fū luó	天麸罗	166
tiān shǐ zhī wěn	天使之吻	214
tián cài tóu	甜菜头	72
tián jī	田鸡	38, 57
tián jiàng yóu	甜酱油	105
tián luó	田螺	57

tián miàn jiàng	甜面酱	111
tián pǐn	甜品	141, 146
tián tián quān	甜甜圈	178
tiáo	条	34
tiáo gēng	调羹	225
tiáo wèi liào	调味料	105
tiě bǎn shāo	铁板烧	166
tiě dàn	铁蛋	51
tiě guān yīn	铁观音	183
tiě guō	铁锅	219
tǐng zǎi zhōu	艇仔粥	141
tōng xīn fěn	通心粉	155
tōng xīn miàn	通心面	99
tóng hāo cài	茼蒿菜	67
tǔ dòu	土豆	70
tǔ dòu jiān bǐng	土豆煎饼	157
tǔ dòu ní	土豆泥	155
tǔ dòu qiú	土豆球	152
tǔ dòu sè lā	土豆色拉	154
tǔ ěr qí cài	土耳其菜	144
tǔ jī	土鸡	38
tǔ sī	土司	152
tǔ sī miàn bāo	土司面包	180
tù ròu	兔肉	36
tù sī	吐司	152
tūn ná yú	吞拿鱼	55
tún jiān	臀尖	42
tūn	氽	29
W		
wá wá cài	娃娃菜	68
wǎ piàn	瓦片	178
wài guó liào lǐ	外国料理	143
wài jǐ ròu	外脊肉	41, 43
wān dòu	豌豆	74
wán zi	丸子	24
wǎn	碗	222
wǎn cān	晚餐	146
wǎng yóu	网油	45
wēi	煨	28
wēi bō lú	微波炉	219
wēi huà zhǐ	威化纸	97
wēi shì jì	威士忌	201
wēi shì jì dǐ	威士忌底	212
wēi shì jì sū dǎ	威士忌苏打	212
wéi yě nà kā fēi	维也纳咖啡	189

拼音	中文	页码
wéi yě nà xiāng cháng	维也纳香肠	47
wèi jīng	味精	106
wèi měi sī	味美思	203
wèi shēng kuài	卫生筷	225
wén gé	文蛤	61
wén xiāng bēi	闻香杯	187
wō niú	蜗牛	56
wō sǔn	莴笋	71
wō tóu	窝头	8, 132
wū bā	乌巴	191
wū dōng lěng miàn	乌冬冷面	165
wū dōng miàn	乌冬面	98, 163
wū gǔ jī	乌骨鸡	36
wū lóng chá	乌龙茶	183
wū méi	乌梅	105
wū yú dàn	乌鱼蛋	63
wū yú zi	乌鱼子	16, 63
wú huā guǒ	无花果	85
wǔ cǎi	五彩	24
wǔ cǎi pīn pán	五彩拼盘	24
wǔ cān	午餐	146
wǔ cān ròu	午餐肉	48
wǔ huā ròu	五花肉	41
wǔ liáng yè	五粮液	197
wǔ rén	五仁	24
wǔ rén yuè bǐng	五仁月饼	24
wǔ xiāng	五香	24
wǔ xiāng dòu	五香豆	24

X

拼音	中文	页码
xī bān yá cài	西班牙菜	144
xī bān yá hǎi xiān fàn	西班牙海鲜饭	152
xī bǐng wū	西饼屋	144
xī cān	西餐	148
xī diǎn	西点	176
xī fàn	稀饭	117, 135
xī fèng jiǔ	西凤酒	197
xī guā	西瓜	87
xī guā zhī	西瓜汁	194
xī guā zhōng	西瓜盅	25
xī guǎn	吸管	223
xī hóng shì	西红柿	75, 129
xī hóng shì jī dàn	西红柿鸡蛋	129
xī hú	西湖	24
xī hú cù yú	西湖醋鱼	24
xī hú lu	西葫芦	74, 128
xī lán huā	西兰花	75
xī lěng	西冷	42
xī lěng niú pái	西冷牛排	149
xī lì	犀利	209
xī mǐ	西米	98
xī mǐ bù dīng	西米布丁	170
xī mǐ lù	西米露	169
xī qín	西芹	71
xī shī	西施	24
xī shī dòu fu	西施豆腐	24
xī yáng cài	西洋菜	66
xī yòu	西柚	86
xī yòu zhī	西柚汁	194
xǐ lì	喜力	205
xiā	虾	59
xiā duō shì	虾多士	139
xiā jiàng	虾酱	106
xiā jiǎo	虾饺	138
xiā mǐ	虾米	104
xiā piàn	虾片	100
xiā rén	虾仁	64, 128
xiā rén miàn	虾仁面	123
xiā yóu	虾油	106
xiā zi	虾子	63, 100
xiā zi dà hǎi shēn	虾子大海参	10
xià ba	下巴	65
xià shuǐ	下水	24, 45
xià wēi yí kē nà	夏威夷科纳	190
xià wǔ chá	下午茶	191
xiān nǎi	鲜奶	111
xiān nǎi lì zi dàn gāo	鲜奶栗子蛋糕	180
xiān pí jiǔ	鲜啤酒	202
xiān xiā huá cháng fěn	鲜虾滑肠粉	140
xiān zhà guǒ zhī	鲜榨果汁	194
xián cài	咸菜	102
xián dàn	咸蛋	50
xián gǒu	咸狗	209
xián ròu	咸肉	47, 101
xián shuǐ jiǎo	咸水角	139
xián yú	咸鱼	64, 101
xiàn cài	苋菜	68
xiāng bīn jiǔ	香宾酒	202
xiāng cài	湘菜	7
xiāng cài	香菜	82, 128
xiāng cǎo	香草	83

xiāng cháng	香肠	47, 102, 151, 160	xiè liǔ	蟹柳	63
xiāng chūn	香椿	82	xīn	心	46
xiāng cù	香醋	108	xīn lǐ měi	心里美	70
xiāng cuì zhá xiā	香脆炸虾	20	xīn jiā pō sī lìng	新加坡司令	207
xiāng dì gé fū	香蒂格夫	215	xīng zhōu	星洲	24
xiāng gū niáng	香姑娘	87	xīng zhōu chǎo mǐ fěn	星洲炒米粉	24
xiāng gū	香菇	77, 104, 130	xìng lù jiǔ	杏露酒	198
xiāng gū jī dīng	香菇鸡丁	130	xìng rén	杏仁	91
xiāng gū miàn jīn miàn	香菇面筋面	124	xìng rén chá	杏仁茶	168
xiāng jiāo	香蕉	88	xìng rén dòu fu	杏仁豆腐	8, 168
xiāng jīng	香精	106	xìng rén lù	杏仁露	168
xiāng líng yú	香棱鱼	53	xìng zi	杏子	85
xiāng piàn	香片	185	xiōng yá lì huì niú ròu	匈牙利烩牛肉	153
xiāng sū	香酥	24	XO jiàng	XO 酱	106
xiāng sū yā	香酥鸭	24	xuě bì	雪碧	193
xiāng xuě jiǔ	香雪酒	198	xuě cài	雪菜	67
xiāng yóu	香油	108	xuě cài ròu sī miàn	雪菜肉丝面	124
xiāng líng	响铃	24	xuě gé	雪蛤	100
xiàng bá bàng	象拔蚌	61	xuě guó	雪国	210
xiàng yǎn	象眼	34	xuě huā	雪花	24
xiàng pí táng	橡皮糖	181	xuě huā bīng	雪花冰	169
xiàng pí yú	橡皮鱼	53	xuě huā dòu fu	雪花豆腐	24
xiāo	削	34	xuě lí	雪梨	90
xiāo pí qì	削皮器	220	xuě lǐ hóng	雪里蕻	67
xiǎo bái cài	小白菜	68	xuě lì jiǔ	雪莉酒	201
xiǎo bēi	小杯	223	xuě yú	鳕鱼	53, 54
xiǎo bēi dàn gāo	小杯蛋糕	176	xuè dòu fu	血豆腐	47
xiǎo cài	小菜	146	xuè nuò mǐ	血糯米	79
xiǎo cháng	小肠	45	xuè wō	血窝	102
xiǎo cōng	小葱	84	xuè xīng mǎ lì	血腥玛丽	210
xiǎo dié zi	小碟子	223	xūn	熏	32
xiǎo dòu kòu	小豆蔻	81	xūn ròu	熏肉	48, 154, 162
xiǎo huáng yú	小黄鱼	53	**Y**		
xiǎo hún tun	小馄饨	125	yā	鸭	44
xiǎo lóng bāo	小笼包	10, 117, 132	yā dàn	鸭蛋	50
xiǎo lóng xiā	小龙虾	57, 59	yā gān	鸭肝	48
xiǎo mài	小麦	80	yā lì shān dà	亚历山大	213
xiǎo mǐ	小米	79	yā xuè	鸭血	47
xiǎo mǐ zhōu	小米粥	135	yā zi	鸭子	36
xiǎo niú	小牛	37	yá qiān	牙签	224
xiǎo wǎn	小碗	223	yān	腌	32
xiē zi	蝎子	37	yān jīng	燕京	204
xiè fěn miàn	蟹粉面	123	yān xūn sān wén yú	烟熏三文鱼	151
xiè gāo	蟹膏	63	yán	盐	109
xiè huáng	蟹黄	63	yán chá	岩茶	184

拼音	词	页码	拼音	词	页码
yán kǎo	盐烤	163	yì dà lì bīng qí lín	意大利冰淇淋	176
yán shí bēi	岩石杯	200	yì dà lì cài	意大利菜	143
yán shuǐ	盐水	25	yì dà lì miàn	意大利面	98, 152
yán shuǐ yā	盐水鸭	25	yì dà lì shū cài tāng	意大利蔬菜汤	155
yǎn ròu	眼肉	43	yì mǐ	薏米	80
yǎn ròu niú pái	眼肉牛排	156	yì shì kuān miàn	意式宽面	153
yàn wō	燕窝	102	yì shì mǐ fàn	意式米饭	155
yáng	羊	44	yì shì sān míng zhì	意式三明治	161
yáng bái cài	洋白菜	66	yín ěr	银耳	77, 102
yáng chéng	羊城	25	yín sī juǎn	银丝卷	132
yáng chéng hǎi shēn	羊城海参	25	yín xìng	银杏	74, 91
yáng chūn miàn	阳春面	121	yín xuě yú	银鳕鱼	53
yáng cōng	洋葱	71	yín yá	银芽	78
yáng cōng quān	洋葱圈	148, 160	yín yú	银鱼	54
yáng cōng tāng	洋葱汤	148	yìn dù cài	印度菜	143
yáng gāo ròu	羊羔肉	39	yīng táo	樱桃	86
yáng huǒ tuǐ	洋火腿	49	yóu	油	105
yáng jiǎo	羊角	180	yóu bào	油爆	26
yáng jiǎo cài	羊角菜	73	yóu bào xiā	油爆虾	10
yáng méi	杨梅	89	yóu cài	油菜	66
yáng ròu	羊肉	38	yóu cù zhī	油醋汁	111, 152, 161
yáng ròu bāo	羊肉包	133	yóu dòu fu	油豆腐	94
yáng ròu chuàn	羊肉串	15, 158	yóu fàn	油饭	16
yáng táo	杨桃	87	yóu gāo	油膏	110
yáng zhōu chǎo fàn	扬州炒饭	9, 17	yóu jìn	油浸	30
yāo guǒ	腰果	91	yóu lín	油淋	25, 30
yāo huā	腰花	46	yóu lín jī	油淋鸡	25
yāo huā miàn	腰花面	124	yóu mài cài	油麦菜	66
yáo zhù	瑶柱	104	yóu mèn	油焖	28
yáo zhù zhōu	瑶柱粥	141	yóu miàn jīn	油面筋	99
yào shàn	药膳	7	yóu táo	油桃	87
yē nǎi	椰奶	108	yóu tiáo	油条	116
yē zhī	椰汁	194	yóu yú	鱿鱼	61, 128
yē zhī hēi nuò mǐ	椰汁黑糯米	141	yóu yú gān	鱿鱼干	64, 102
yē zhī xī mǐ lù	椰汁西米露	142	yòu zi	柚子	89
yē zi	椰子	89, 92	yòu zi chá	柚子茶	191
yě jī	野鸡	37	yú chì	鱼翅	103
yě wèi	野味	38	yú chì jiǎo	鱼翅饺	139
yě zhū	野猪	36	yú chún	鱼唇	101
yī fǔ miàn	伊府面	121	yú dù	鱼肚	65, 101
yī pǐn	一品	25	yú lù	鱼露	112
yī pǐn dòu fǔ	一品豆腐	25	yú pái hàn bǎo	鱼排汉堡	162
yī yún	依云	192	yú pí	鱼皮	101
yí bèi	贻贝	61	yú piàn zhōu	鱼片粥	141
yí liáng kǎo yā	宜良烤鸭	17	yú tóu	鱼头	65

yú wán	鱼丸	64		zhá jiǎo	炸饺	116
yú xiāng	鱼香	25		zhá lèi	炸类	173
yú xiāng qié zi	鱼香茄子	11, 25		zhá niú pái	炸牛排	153
yù mǐ	玉米	75, 80		zhá shǔ tiáo	炸薯条	162
yù mǐ fěn	玉米粉	98, 108		zhá xiǎng líng	炸响铃	24
yù mǐ tāng	玉米汤	149		zhá yún tūn	炸云吞	139
yù mǐ yóu	玉米油	108		zhá zhū pái	炸猪排	154, 166
yù nǎi	芋艿	71		zhà cài	榨菜	70
yù tou	芋头	71, 72		zhǎn	斩	34
yuān yāng	鸳鸯	25		zhāng chá yā	樟茶鸭	11
yuān yāng chá	鸳鸯茶	191		zhāng yú	章鱼	62
yuān yāng huǒ guō	鸳鸯火锅	25		zhǎng	掌	46
yuán bào	芫爆	26		zhēn	胗	45
yuán cài	芫菜	82		zhēn guǒ	榛果	92
yuán hóng jiǔ	元红酒	198		zhēn yú	针鱼	53
yuán xiāo	元宵	171		zhēn zhū	珍珠	25
yuē hàn kě lěng shì	约翰可冷士	212		zhēn zhū nǎi chá	珍珠奶茶	170, 191
yuè bǐng	月饼	173		zhēn zhū wán zi	珍珠丸子	25
yuè cài	粤菜	7, 12		zhēng	蒸	31
yuè guì yè	月桂叶	84		zhēng diǎn	蒸点	138
yuè nán cài	越南菜	145		zhēng fàn	蒸饭	136
yún dòu	芸豆	73		zhēng guō	蒸锅	221
yún nán cài	云南菜	7		zhēng jiǎo	蒸饺	118, 127
yún nán huǒ tuǐ	云南火腿	17		zhēng lèi	蒸类	171
Z				zhēng lóng	蒸笼	219
zá suì	杂碎	45		zhěng yú liǎng chī	整鱼两吃	22
zá suì tāng	杂碎汤	15		zhèng shān bǎo zhǒng	正山包种	184
zāo dàn	糟蛋	50		zhī má	芝麻	92
zāo huò	糟货	10		zhī má hú	芝麻糊	169
zāo liū	糟熘	27		zhī má jiàng	芝麻酱	108
zǎo cān	早餐	147		zhī má tuán	芝麻团	173
zǎo chá	早茶	12, 138		zhī shì	芝士	110, 151, 161
zǎo ní bāo	枣泥包	132		zhī shì dàn gāo	芝士蛋糕	151, 177
zǎo ní sū	枣泥酥	173		zhī shì hàn bǎo bāo	芝士汉堡包	161
zǎo zi	枣子	87		zhī shì sān míng zhì	芝士三明治	161
zé róng	则容	187		zhōng	盅	25
zhā pí	扎啤	202		zhōng dōng mǐ fàn	中东米饭	157
zhā zuó	渣昨	170		zhōng guó cài	中国菜	7
zhá	炸	29		zhōng guó hòu	中国鲎	56
zhá dà xiā	炸大虾	164		zhōu	粥	117, 135, 140
zhá dòu fu	炸豆腐	163		zhǒu zi	肘子	41
zhá gāo	炸糕	116		zhū	猪	44
zhá jī kuài	炸鸡块	162		zhū gān miàn	猪肝面	124
zhá jī pái	炸鸡排	151		zhū gǔ	猪骨	41
zhá jiàng miàn	炸酱面	8, 121		zhū gǔ lì	朱古力	178

索引

zhū jiǎo	猪脚	41
zhū pái gài fàn	猪排盖饭	164
zhū ròu	猪肉	38, 40
zhū ròu gān	猪肉干	182
zhū shǒu	猪手	41
zhū tóu	猪头	40
zhū tuǐ	猪腿	41
zhū wěi	猪尾	41
zhū xuè	猪血	48
zhū yóu	猪油	41, 114
zhú jiá yú	竹荚鱼	52
zhú shēng	竹笙	77
zhǔ	煮	28
zhǔ cài	主菜	146
zhǔ jī dàn	煮鸡蛋	155
zhǔ lèi	煮类	173
zhǔ máo dòu	煮毛豆	163
zhǔ shí	主食	147
zhūn	肫	45
zhuó	灼	29
zī rán	孜然	81
zǐ cài	紫菜	103
zǐ jī	子鸡	39
zǐ sū	紫苏	82
zì yóu gǔ bā	自由古巴	210
zì zhù cān	自助餐	145
zōng lǘ yóu	棕榈油	112
zǒng huì sān míng zhì	总会三明治	160
zòng zi	粽子	117, 136
zǒu yóu	走油	25
zǒu yóu ròu	走油肉	25
zuì	醉	31
zuì pái gǔ	醉排骨	14
zūn yú	鳟鱼	58
zuò tún	坐臀	41

著者紹介
広岡今日子(ひろおかきょうこ)
上海音楽院民族器楽系修了。街ネタと民国期のカルチャーをメインにフリーのライター兼編集者として活動するかたわら、通訳、コーディネーターや中国料理の講師もこなす。

著書
『旅の指さし会話帳　上海』(情報センター出版局)
『食べる指さし会話帳　中国』(情報センター出版局)
『時空旅行ガイド　大上海』(情報センター出版局〈共著〉)
『らくらく旅の上海語』(三修社〈共著〉)
『ゼロから話せる上海語』(三修社〈共著〉)

食(た)べる中国語(ちゅうごくご)

2013年8月20日　第1刷発行

著　者	広岡今日子
発行者	前田俊秀
発行所	株式会社　三修社
	〒150-0001　東京都渋谷区神宮前2-2-22
	TEL 03-3405-4511
	FAX 03-3405-4522
	振替 00190-9-72758
	http://www.sanshusha.co.jp/
	編集担当　菊池　暁
印刷製本	萩原印刷株式会社

ブックデザイン　ガゼルファーム、高橋博子
カバー用写真撮影　株式会社ブレイン(近澤慎哉、菊池　大)

©Kyoko Hirooka 2013 Printed in Japan
ISBN978-4-384-08989-9 C0087

R〈日本複製権センター委託出版物〉
本書を無断で複写複製(コピー)することは、著作権法上での例外を除き、禁じられています。
本書をコピーされる場合は、事前に日本複製権センター(JRRC)の許可を受けてください。
JRRC http://www.jrrc.or.jp e-mail: info@jrrc.or.jp TEL: 03-3401-2382